U0053142

哲學輕鬆讀

烏龍邏輯?

劉福增　著

三民書局

國家圖書館出版品預行編目資料

烏龍邏輯? / 劉福增著. －－初版一刷. －－臺北市: 三民,
2011
面; 公分. －－(哲學輕鬆讀)

ISBN 978－957－14－5432－0 (平裝)
1.邏輯

150   99024986

© 烏龍邏輯?

著 作 人	劉福增
企劃編輯	蔡宣珍
責任編輯	蔡宣珍
美術設計	黃顯喬
發 行 人	劉振強
著作財產權人	三民書局股份有限公司
發 行 所	三民書局股份有限公司
	地址 臺北市復興北路386號
	電話 (02)25006600
	郵撥帳號 0009998-5
門 市 部	(復北店)臺北市復興北路386號
	(重南店)臺北市重慶南路一段61號
出版日期	初版一刷 2011年1月
編 號	S 100320

行政院新聞局登記證局版臺業字第○二○○號

有著作權·不准侵害

ISBN 978－957－14－5432－0 (平裝)

http://www.sanmin.com.tw 三民網路書店
※本書如有缺頁、破損或裝訂錯誤，請寄回本公司更換。

哲學人的哲學事——序言

當編輯建議《烏龍邏輯?》這個書名時，只經少許「正」「反」兩面思考，我便很自在採用。

在全書的邏輯對話進行中，我們常常拿殷海光 (1919–1969) 和丘崎 (A. Church, 1903–1995) 兩位教授停下來喝烏龍茶的片刻，調適話題。本書因此充滿烏龍茶的香味。當人們能夠做正確的邏輯思考和推理時，會散發如同烏龍茶的理性的芳香。

邏輯不但能幫助我們做正確的思考和推理，一樣重要的，能夠幫助發覺、防止和改正錯誤的、謬誤的思考和推理。當有人「搞烏龍」時，想必發生了令人意外、錯愕、吃驚或好笑的過失或失誤。學邏輯，可以減少邏輯思考上搞烏龍的過錯。

民主先賢美國總統傑佛遜 (Jefferson, 1743–1826) 說：「在一個其人民要由理性和說服，不要由暴力來引導的共和國度裡，推理的藝術成為第一重要的了。」這樣，文明的生活要依靠社會交流中理性的獲勝，人際衝突中講究邏輯要普遍勝過暴力的訴求。

自二十世紀六十年代在大學教書以來，我每學期幾乎至少有兩大班的邏輯。為了當教本和課外讀物，在二十世紀末以前，我寫了一本和翻譯了約十五本邏輯的書。在本 (二

十一)世紀初,從三十多年的邏輯教學經驗——大部分在臺大,參考歐美邏輯教本,並加入個人研究心得,我精心撰寫了一本標準型——歐美學術先進國家通行的——邏輯教本《基本邏輯》。對我個人來說,這本書是多年邏輯教學的一個交代。

哲學思想家,同時也是臺大哲學教授殷海光在 1955 年出版《邏輯新引》一書。這本以生動和引誘的對話方式寫的初步邏輯,在二十世紀的六、七、八十年代在臺灣和香港兩地,打動了許多人對邏輯的興趣,啟蒙了許多人怎樣做有批判的邏輯分析和邏輯思考。我個人是其中之一。

二十世紀六十年代,我進入臺大哲學系以後,幾乎每學期都選殷海光教授的課。我應該是選過他最多課的學生。多年來,我一直或隱或現,想模仿《邏輯新引》的對話方式,給一般讀者寫一本邏輯初步的書。在完成《基本邏輯》,再寫《老子精讀》和《莊子精讀》兩本書之後,現在終於完成多年的心願,以對話方式寫好本書。

《基本邏輯》一書,依一般邏輯教本的體例和講述方式寫成。第一章講完論證和有效性後,第二章到第十章以自然演繹 (natural deduction) 的方式,有系統的講述語句邏輯和述詞邏輯。第十一章到第十三章分別講范恩圖解,真值樹法和設基 (axiom) 系統。全書完全講演繹邏輯。

本書的撰作特別採用對話方式,主要的目的是希望以輕鬆和有趣的談話,鼓動讀者對邏輯的興趣,並且能夠以更直覺方式,淺白的講述邏輯的基本觀念。本書除了講演繹邏輯外,也講一般邏輯教本常講的悖論、歧義、含混的定義、

類比論證、因果關聯；穆勒五法和謬誤等。在演繹邏輯部份，不是以系統展開方式講，而是就主要論題或議題各別去講，並突顯在邏輯直覺上特別有用的論法。

在邏輯探究的道路和旅程上，殷海光教授和丘崎教授這兩位老師，一直令我想念不忘。在思考本書對話的人物時，忽然有一天，我想到可以請這兩位老師，再加兩個年輕學生當主角。書中對話的人物、山水、田園和山莊，幾乎都有真人真物當背景，但情節是編造的。讀者一定可以感覺到的，除了談邏輯之外，書中充滿思念和想望之情。古希臘偉大哲學家柏拉圖 (Plato, 427?–347 B.C.) 在寫他的不朽的《對話錄》(*Dialogues*) 時，就以他的老師蘇格拉底 (Socrates, 469–399 B.C.) 和其他許多他熟知的人物當對話主角。

殷海光教授當年鼓吹邏輯的呼聲，現在似乎還常聽到。他做邏輯分析和批判的身影，現在似乎還常看到。除了鼓吹邏輯，殷教授那深深感動人的闡發自由、民主和人理的文章和演講，還有無畏的嚴厲批判極權統治的風格，更令許多人懷念與崇敬。

我曾在〈播種者殷海光〉這篇紀念他逝世四十週年的文章中寫道：「上天很慷慨的讓殷海光先生來到世界，來到臺灣。在我們最需要的時候，不顧極權的迫害，幫我們散播和啟發自由民主和人理的思想種子。但非常可惜的，上天沒有一樣慷慨的給殷先生應有的更長的壽年，好讓他為臺灣和中國兩地，開拓和灌溉出更豐富、更燦爛、更深遠的自由民主和人理的思想花朵和果實。」

丘崎教授在 1929 年到 1967 年為美國普林斯頓大學數

學教授。退休後，同年洛杉磯加州大學（UCLA，世界邏輯研究的一個重鎮）特聘他到該校任數學和哲學兩系教授，直到 1990 年退休。維基百科上寫著：「在他過世時，丘崎被普遍認為是世界上那時最偉大的邏輯家。」二十世紀七十年代，我到 UCLA 進修。我曾寫道：「當年我曾在那裡上了許多著名邏輯教授的課。例如張辰中 (C. C. Chang)、嘉理錫 (D. Kalish)、卡普蘭 (D. Kaplan) 和恩德頓 (H. B. Enderton) 等。尤其是獲得邏輯大師丘崎教授的啟導最多。我上過他三十六學分的課。在他的導引，走過不少邏輯大山脈，爬了一些頂尖邏輯山峰，看到了美妙奇麗的邏輯世界。1995 年在義大利佛羅倫斯，參加國際邏輯會議聽到他剛過世的消息時，令我思念不已。」

　　想起過去有一門課，只有我和美國學生兩個人選。有一次，那位美國學生沒來，丘崎教授和平常一樣，連三節娓娓道來，只教我一個人。獨自一人上課的神情和意境，至今還能感覺到。丘崎教授上課和在 UCLA 校園走路的身影，令人懷念、難忘。

　　我以此書向殷海光、丘崎兩位教授致意。

劉　福　增

國立臺灣大學圖書館

烏龍邏輯？

目　次

·第一回·
邏輯與講理

玉山，阿里山，番路的柿子

享譽國際的邏輯大師丘崎教授，從美國來臺灣進行交流、訪問。在完成學術演講後，由知名學者殷海光教授，帶著兩位年輕學生揚揚和小葳，熱情接待。殷教授聽說丘崎教授想親訪阿里山的美景，因此在臺灣旅遊的第一站，就選在嘉義。

在嘉義番路鄉，仁義潭山丘稜線的一個擁有三百六十度廣大視野的山莊上，向西眺望，可以看到無盡的嘉南平原，隱約還能看到臺灣海峽。向北看，是竹崎丘陵起伏的橘子園。往南則是柿子、芒果、龍眼和荔枝的果園。若是向東瀏覽，近處有阿里山山麓觸口的廟頂；遠方呢，則是藏在重重高山後面的玉山山嶺。至於夜晚，瑞里山上和關子嶺閃耀的燈火，也是山莊盡收眼底的美景。

丘崎、殷海光、揚揚和小葳，就在這個山莊上，一邊品嚐著嘉南美味的水果，一邊喝著阿里山芬芳的高山茶，開始他們的邏輯對談。

維根斯坦，邏輯與世界

「我們非常感謝丘崎教授這幾個月在臺灣的專題演講和指導。尤其邏輯對人類社會具有非常重要的影響力，任何人對於邏輯，都應該要有更清楚、更基本的認識。」殷教授開場說。

「好險我們兩個主動擔任研討會的接待人員，不然就沒有機會跟到嘉義來玩了呢！」小葳搶著說。

「是啊，能在風景如畫的番路丘陵，向兩位教授請教邏輯，實在是太幸運了！」揚揚壓抑不住心中喜悅的心情。

正將熱水倒入茶壺的小葳，開心的說：「對啊，而且我們可以把這個邏輯對談，叫做『烏龍邏輯』，因為我們是一邊喝著阿里山烏龍茶，一邊聊邏輯的啊！」

丘崎教授喝了第一口茶，驚喜的說：「這茶的確好香，在美國一定很難找到。請再來一杯。」

一旁的揚揚迫不及待的問：「維根斯坦 (Wittgenstein, 1889–1951) 說：『邏輯遍布世界：世界的限界也是它的限界。』這是什麼意思呀，好像不好懂。」

小葳插嘴說：「不懂就不懂，有什麼『好像』。但，誰是維根斯坦呀？」

殷教授笑著回答：「羅素 (Russell, 1872–1970) 是當代英國偉大的哲學家和邏輯家，而維根斯坦是羅素的學生，在奧地利維也納出生，後來移居英國，後來也跟羅素一樣成為當代偉大的哲學家和邏輯家。他和羅素相距十七歲。我是他們兩個的粉絲呢！」揚揚趕忙說：「我和殷先生也相距十七歲。」殷教授笑著說：「很美妙的巧合。對了，維根斯坦的邏輯遍布世界那句話，我們最好請教丘崎教授。」

丘崎教授慢條斯理的開口：「一門學問，就它發展到現狀來說，可從它具有三種性格的程度或濃度，做一個基本的觀察和了解。這三種性格是：科學性——知識的系統性，藝術性——知識的技術性，和哲學性——根基性問題的牽連。

一門學問同時具有這三種性格的程度愈多，它本身就愈具有內在的知識吸引力、迷人力。譬如邏輯和物理等，就是這樣的學問。維根斯坦講的那句話，是他的邏輯哲學上一個非常深刻的命題。要很長時間，才可講得比較清楚。也許，我們可以做一個簡單的解釋。那就是，你可盡量想像任何一個可能的世界，那個可能就是邏輯的可能。因此，邏輯充滿世界，彌漫世界。維根斯坦也說：『與邏輯的法則相反的東西除外，上帝可以創造任何東西。』」

「有意思！」揚揚說。小葳卻搖搖頭說：「聽不懂！」

好的講理

殷教授趕忙轉個話題：「小葳，現在假定妳家的小花貓不見了。妳在路上看到一隻小花貓很像妳家的。妳認為這隻小花貓就是妳家的那隻，於是把牠抱起來，打算要回家。這時，有一個人氣沖沖跑來說，那是他家逃出來的阿斑。這時如果妳要堅持那隻貓是妳家的，妳會怎麼辦？」

「很簡單，我會拿出證據呀！」小葳不加思索的說。

「什麼證據？」揚揚馬上問。

「我會跟他說，那隻貓是我家的，因為牠戴著金色項環，是我前幾天才買的。」小葳回答。

「假如他也說，他家的阿斑也戴金色項環，是他女朋友送的生日禮物，妳怎麼辦？」揚揚再問。

「豈有此理。又不是貓生日，哪有人生日送貓項環的。」

「妳上次生日的時候，班上同學不是送妳貓玩的小熊

嗎?」揚揚反問。

「你想難倒我嗎?沒那麼容易。我還有證據。我家的貓,頭上有三塊黑毛,那隻貓就有三塊黑毛。」小葳理直氣壯,音量不自覺的放大起來。

「假如那個人說,他家的阿斑背上有三團白毛,那隻貓也有三團白毛,妳怎麼辦?」揚揚緊接著說。

「我已經找我的小花貓三、四天了。實在等不及了。我只好跑去把牠抱回家。」小葳提高嗓子說。

「妳那麼大聲,早就把小花貓嚇跑了!」揚揚似乎很得意的說。

兩人七嘴八舌的爭論著,逗得丘崎教授和殷教授哈哈大笑。

丘崎教授緩緩的說:「揚揚,現在有一個紅帽獵人在追趕他認為射中的山豬。快要抓到時,突然有一個藍帽獵人也趕到,認為那山豬是他射中的。他們都堅持是自己射到山豬的。於是他們之間發生爭執。揚揚,假如你是其中一個獵人,譬如紅帽的,你將怎麼辦?」

揚揚想了一下,說:「小葳會講證據,我也會。我會說,我是射擊高手,曾得射擊比賽錦標。我開了兩槍,你看山豬身上有兩個彈孔。」

「沒那麼簡單。我要代表藍帽獵人發言,因為我剛剛也向山豬開了兩槍,而且大家都知道我是神射手。」小葳站出來反駁。

揚揚和小葳兩人的嗓子愈扯愈大,各為其主,快要吵起來了。丘崎教授喝一口烏龍茶,笑著說:「你們這樣大聲下

去，兩個獵人恐怕要為山豬打起來喲！」

殷教授也笑了起來，對著揚揚和小葳說：「故事講到這裡，讓我們講點邏輯。當你提出一個主張，如果別人接受，事情順遂。但如果別人不願接受，那你還要堅持你的主張和立場時，你和那人之間會怎樣呢？」

「發生爭執，爭議，爭論，甚至衝突。」小葳搶著回答。

「這個答案剛才丘崎教授就講過了。」揚揚趕緊補充。

殷教授說：「能夠從談話中即時找到答案，是敏銳的表現。可惜的是，大部分都會發生爭執。從邏輯層面說，人的主張有彼此接受或不接受的。從社會層面說，人之間有和諧、爭執或衝突的。社會的事情很複雜。在了解一個複雜的社會事情時，最好能從事情的邏輯結構來著手。例如，在觀察和了解一個社會爭執和衝突時，最好能從爭執的不同主張和堅持著手。」

「那我們要怎樣解決有爭執的主張和堅持呢？」揚揚趕緊問。

殷教授沉思了一下，說：「方法和途徑很多。從邏輯的觀點和從好的思想態度的培養和訓練來說，可分為講理和不講理的。」

「不講理怎麼會是解決爭執的方法呢？」小葳感到十分疑惑。

「怎麼不可以呢？在別人和妳為了小花貓爭吵，別人還沒有同意小花貓是屬於妳的以前，妳『強行』把貓抱走；獵人經由打架，把別人打倒後搶走山豬，不就是以不講理的方式『解決』爭議了嗎？」揚揚侃侃而談。

「如果是這樣，那麼電影裡強調以『決鬥』方式解決問題，不就是強調以不講理解決爭端了嗎?」小葳反問。

揚揚一時語塞。看樣子，揚揚被難倒了。正當大家默不作聲，氣氛有點尷尬的時候，丘崎教授打破沉靜，說:「這是一個很好的問題。講理不講理，是需要從不同的情境背景來論斷的。這是一個很複雜的問題。但從邏輯觀點看，任何以訴諸武力和威脅利誘的方式解決爭端，都是不講理的。邏輯要講證據和論證。」

「我們要如何講好理呢?」小葳迫不及待的問。

喝一口烏龍茶後，殷教授說:「講理不但是邏輯的好事，也是整個文明的好事。但羅素說:『只有少數人是講理的，而且在少數的時候』。」

「人類努力的一個好方向是，建立更多人在更多時候講理的世界。」丘崎教授一面沉思一面說。

「那麼，我們要如何講好理呢?」得不到解答的小葳再問了一次。

講理五則

「在我們這個烏龍聚會裡，可以提出講理五則來。」丘崎教授興致勃勃的說:「要講好理，首先第一則是，要有好的講理態度。」

「好的講理態度?」小葳疑惑的眨了眨眼睛。

丘崎教授說:「我們要用可運行，即可身體力行的四個命題來說明:

(A)時常提醒自己說：我，即自己，可能錯。

　　人時常，許多人甚至根深蒂固認為自己（的行為、觀點和主張）不會錯。這樣的人當別人說他錯時，第一個反應是不高興和即時反擊，很難，甚至永不承認自己會錯。反之，時常提醒自己可能錯的人，當別人說他有錯時，他才會坦然檢討自己，接受別人有證據、有道理的意見和主張。」

　　「難怪我的同學時常不肯接受我的看法。」小葳若有所思的說：「哦，對了，我自己會不會也這樣？」

　　丘崎教授笑一笑，接著說：「

(B)時常提醒自己說：你，即別人，可能對。

　　人常常以為自己總是對的，別人總是錯的。因此，在提醒自己可能錯外，也一樣提醒自己，別人可能對。在我們認識到別人可能對，當別人主張或說他對時，我們才不會不甘心承認別人可能對，而會很寬心承認他說的可能是對的。」

　　「揚揚，以後我主張我對時，你該大方說很可能。」小葳半認真半開玩笑說。

　　「彼此，彼此。」揚揚笑著說。

　　丘崎教授喝一口烏龍茶，繼續說：「

(C)要依證據來接受或拒絕一個信念；沒有證據，或證據薄弱時，要保持懷疑。

　　「這話說起來簡單，做起來恐怕很難。」揚揚急忙說。

　　殷教授點點頭說：「的確。就是因為做起來困難，所以要特別提醒。在面對爭議時，我們常以為自己很尊重證據來決定是非。其實不是。難以抗拒的，迷亂和支配我們決定的是利害關係，尤其是和自己有直接利害的關係，以及政治、

黨派、宗教、種族、國家等的偏見。」

　　「科學家不是要被訓練成只依證據來接受或拒絕某個信念嗎？在沒有證據時要保持懷疑嗎？」小葳趕緊問。

　　殷教授再點點頭說：「對的。這是科學精神和邏輯的第一課：講求證據。大部分的科學工作者，在做科學的場合，大都能夠堅守這種精神和邏輯。但是在日常討論，政治談論的場合，他們未必如此。換句話說，科學工作者依場合的不同，而對證據有不同的講求和堅守。可是我們這裡所鼓吹的，卻是要『全面的』，也就是不論在哪個場合，無論是要接受信念或是拒絕信念，都要堅守證據。

　　我們常說，懷疑是科學精神。但很少人注意到，對沒有證據的事保持懷疑，是很不簡單的事，因為保持懷疑是違反人性的。」

　　「我不懂。」小葳脫口而說。

　　「我也不懂。」揚揚難得附和小葳。

　　殷教授起勁的說：「其實不難懂。邏輯的創建者，古希臘偉大的哲學家和生物學家亞里斯多德 (Aristotle, 384–322 B.C.) 說：人是動物。而動物有一個內在的生命特性：追求確定性 (certainty)。人當然也有這個特性。但懷疑是不確定的。因此，懷疑是違反人性的。」

　　「這麼說，違反人性的未必是壞的。」揚揚做了推論。

　　「對。很傑出的推論。」殷教授讚美說：「所以，一般以為，合乎人性就是好的，違反人性就是壞的。這種講法是錯的。我們不在這裡討論人性。但要指出兩點。一，懷疑是不確定的，而人性是要求和追求確定的；因此，人對於懷疑的

東西，不會保持多久，就會不知不覺從雜七雜八的理由裡面，找一個來接受，因而不再保持懷疑。二，為了使人有能力面對懷疑的東西，有能力持續保持懷疑，就要『訓練』保持懷疑的能力和習慣。」

「訓練懷疑的能力和習慣？原來還有這一招。」小葳和揚揚同聲說。

殷教授愈講愈起勁說：「我們要提出的講理態度的第四命題是：

(D)當新證據顯示舊有的信念錯誤時，要能立即更改。

『根深蒂固』是大家常聽到的一句成語，表示許多信念一旦建立之後，很難被改變。理論上，人的信念應該要根據證據來確定，新的證據顯示舊有的信念錯誤時，要立即改正。但實際上不是這樣。許多錯誤的信念，不但一時改不過來，甚至一生都改不過來。」

「嗯，人常根據利害關係來認定信念的真假。莫非是因為舊有的信念有利自己的既得利益，而新的證據顯示的應有的新信念，不利自己的利益；因此看不到新證據，不願相信新證據，不願損失自己的既得利益。因而不放棄錯誤的舊信念。」揚揚說。

「一個很好的推論。這也是我要講的一個理由。學邏輯就要像揚揚這樣，現買現賣；學了，馬上能夠應用。另一個常見的理由呢？不說，容易被漏失，一說很容易明白。那就是，已習慣於舊信念、舊觀念、舊方法，而學不會新方法的人，會拿雜七雜八的理由來抵制、反對，而抱殘守缺。」殷教授說。

「有道理，有道理。」小葳不停的點頭。

伽利略的望遠鏡

享受著清香的烏龍茶的丘崎教授，瞭望仁義潭上優游自在的白鶴，說：「我們可以舉歷史上幾個著名的有趣故事，來看看這些抗拒新信念、新觀念、新方法的『反動』。

第一個故事是：伽利略的望遠鏡新證據。伽利略 (Galileo, 1564–1642) 是十六、七世紀義大利偉大的物理學家和天文學家。小學生也知道，伽利略有一個重要的發明——望遠鏡。歷史記載，當他發明了望遠鏡之後，第一件事情是拿望遠鏡去看星球，尤其是月亮。這是任何有高倍數望遠鏡的人都會去做的事，更何況是身為天文學家的伽利略。

西方和東方一樣，傳統上有許多關於月球的傳說。例如，東方有嫦娥奔月，西方有小精靈。伽利略也知道小精靈的傳說，他當然不會相信這些，但在發明望遠鏡以前，他沒有可靠的證據拒絕它。發明了望遠鏡後，當他透過望遠鏡卻沒看到月亮上有什麼小精靈時，望遠鏡顯示的新證據，使他這個天文學家有一個可靠的發現：月亮上『沒有』傳統上所謂的小精靈。

於是他興高采烈的告訴他的鄰居：『月亮上沒有小精靈，月亮上有小精靈的信念是錯的。如果不信，我可把望遠鏡免費借給你看。』好奇的鄰居就到伽利略家裡去看了月亮。」丘崎教授停頓下來，看著小葳說：「你以為所有看過的鄰居，都會立即改正月亮上有小精靈這根深蒂固的舊信念

嗎?」

「怎麼不會呢?」小葳好奇的問。

丘崎教授微微的搖了頭，慢慢說:「一些堅信小精靈的鄰居，在猶豫一陣子後說:『不對，伽利略，你的望遠鏡裡藏有小精靈，他們矇蔽了我們的眼睛，使我們看不到月亮上的小精靈。』」

這時殷教授很嚴肅的說:「不講理的人，把證據掛在他們的鼻子上，他們也看不到。」

「沒錯。」小葳和揚揚同聲說，還瞪了對方一眼。

丘崎教授繼續說:「讓我們講第二個故事。學過經濟學的人都知道，從十八世紀後期英國經濟學家亞當史密斯 (A. Smith, 1723–1790) 建立經濟學，即所謂古典經濟學以來，主要以分析人類的物質欲望為起點，用日常語言來論述，很少使用數學。但是到了二十世紀的四十年代，在英國劍橋大學興起所謂凱因斯 (Keynes, 1883–1946) 革命的新經濟學。這一學派和古典經濟學最大不同是，在方法上大量使用數學，尤其是解析幾何的座標。

當凱因斯新經濟學崛起時，有不少在大學教授傳統古典經濟學的學者起來反對。他們喊出的主要理由是，經濟學主要是研究人類欲望的，而欲望是不能用數字和數學式子表示的。」

「我知道了，其實他們反對新經濟學的真正原因，是他們來不及學要用的數學。」小葳說。

「妳怎麼知道?」揚揚馬上問。

「我的同學告訴我，她爺爺反對開賓士轎車，說騎腳踏

車比較優閒。但其實真正的理由是，她爺爺來不及學開車，考執照了。」小葳笑著說。

現代邏輯與傳統邏輯之爭

「哈哈，有道理，有道理。」丘崎教授點點頭，繼續說：「講第三個故事。邏輯自己的故事。

我們知道的，有的學問（學門）歷史很長，有的很短。例如數學，至少有兩千六百年以上，但電腦只有幾十年。有的歷史雖長，但進步很慢，例如中醫藥學。有的歷史雖短，但發展很快，例如電腦等許多當代的學問。

至於邏輯呢，歷史很長。從古希臘哲學家亞里斯多德創建以來，已有兩千三百多年的歷史。但在十九世紀末以前，發展不快。自十九和二十世紀之交，德國邏輯家和哲學家弗列格 (Frege, 1848–1925) 創建現代邏輯以後，邏輯的發展，如雨後春筍，蓬勃起來。」

小葳插話問道：「我有兩個問題。一，為什麼在十九世紀末葉以前兩千兩百多年間，邏輯的發展不快呢？十九世紀末葉有什麼契機使它蓬勃起來？二，現代邏輯與傳統邏輯有不同嗎？」

丘崎教授回答說：「自亞里斯多德創建邏輯到十九世紀末葉以前，邏輯的研究和推廣主要操在研究哲學的人手裡。傳統上，研究哲學的人，慣用日常語言來講邏輯。而自十九世紀末葉起，有另外一行人加入邏輯的研究。就是研究數學的人，其中最著名的是當時在德國耶拿 (Jena) 大學數學系

教書，以哲學家和邏輯家聞名於後世的弗列格。這些人就以他們在做數學時慣用的方法去做邏輯研究。這樣的研究，促進邏輯的飛快發展。

對了，請問兩位，數學研究者慣用的方法是什麼？你們小學和中學加一加，至少上了十二年的數學課。」

小葳想了想後說：「上數學課，每次都要使用符號，做演算和證明。」

「哈哈，我知道了，做數學研究的人慣用的方法是使用符號來表達要研究的東西，並應用符號式子做演算和證明。」揚揚後來居上，自信的說。

丘崎教授笑著說：「很好，你們都答對了。當這些數學研究者做邏輯研究時，就使用特別設計的符號來表達邏輯概念，並且拿這些邏輯符號式做演算和證明。這樣做，正好抓到了邏輯的根本和重要性格，因而使邏輯的發展如雨後春筍。

弗列格就是第一個大量使用數學式符號，來表達邏輯概念，並拿它來建立邏輯的演算和證明系統的人。現在，常把弗列格以前，用亞里斯多德式的方式來處理的邏輯，叫做傳統邏輯；弗列格以後，以他重建的邏輯模式發展的邏輯，叫做現代邏輯。現在也常用『符號邏輯』或『數理邏輯』稱呼現代邏輯。」

殷教授補充道：「現代邏輯與傳統邏輯研究的，都是同一個邏輯。只是現代邏輯用了更多符號，講得更精確、更深入，當然範圍也更大。」

丘崎教授說：「現在繼續講我們的第三個故事。在二十

世紀初，現代符號邏輯方興時，在大學許多習慣教傳統邏輯的人，起來反對。他們表面上堂而皇之的兩大理由是：邏輯是研究『思維』的學問，思維怎麼能用符號來表示呢？傳統邏輯已很夠用了。」

「哈哈，他們實際的理由是，他們來不及學符號邏輯。」小葳不問自答。

「妳說得很對。當時研究和推廣數理邏輯的英國劍橋大學年輕邏輯家羅素，對傳統邏輯已夠用的理由很不滿。為了對付這些反對符號邏輯和護衛傳統邏輯的頑固分子，羅素請他們使用傳統邏輯的任何方法，顯示下面顯然為正確的論證：

　　⑴所有的馬是動物。
　　⑵所以，所有馬的頭是動物的頭。

其實羅素早就知道，使用傳統的方法是證不出來的。這個看似簡單的論證，如果沒有使用現代邏輯裡的二元述詞邏輯，是證不出來的。

現在要請殷教授幫我們說明講理五則的其他四則。」

「好的。」殷教授等不及的說：「我們要把柏克萊加州大學哲學教授格來斯 (H. P. Grice, 1913–1988) 談論的合作原則 (cooperative principle)，當做講理五則的第二則。我們可把這一原則簡單說是：在你從事意見交換或論辯時，要盡量朝傳遞正確的資訊和問題或爭執的合理解決去做。為達到這個原則，我們應遵循下列一些格律：

　　為交換意見當時的目的，提出所需資訊。

不要提出比所需更多的資訊。

不要說你相信為假的東西。

不要說你缺少適當證據的東西。

避免曖昧的表達。

避免歧義。

要相干。」

寬厚原則

「講理第三則要引用柏克萊加州大學哲學教授戴維生 (D. Davidson, 1917–2003) 所強調的寬厚原則 (principle of charity)。在當代哲學界裡，連屋頂的麻雀都在談這個原則。」

「連屋頂的麻雀都在談是什麼意思?」小葳等不及問。

殷教授繼續說：「妳看到屋頂上的麻雀嗎? 一刻不停嘰嗒口舌。一個講法一再被人拿來當話題時，就說是屋頂的麻雀都在談。」

「哦! 懂了。」揚揚和小葳同時點頭。

殷教授繼續說：「在解釋和了解別人的言論時，我們常說要做『同情的了解』。所謂同情的了解，就是要適度的以有利說話者立場，來解釋和了解別人的言論。當代的寬厚原則，可以說和一般所謂同情的了解，不謀而合。

要注意的，這裡講的同情的了解和寬厚原則，沒有普通道德觀念上的特別意義，它寧可被視為是知識論和溝通理論的。一個淺顯的道理是，每個人都會以有利自己的立場、觀點和利益去發言和立論。因此，以有利說話者的立場、觀

點和利益去解釋和了解說話者的發言，應該最符合說話者的『原意』。一個最好的解釋和了解，就是去顯示說話者的原意。

在當代對寬厚原則本身，有不同的解釋。在把它當講理第三則時，要把它解釋為：要把說話者的主張解釋為可接受或合理的，除非有邏輯的理由或好的經驗理由，否則基本上都要將對方的言論解釋成合理的。所謂有邏輯的理由，譬如有矛盾或不一致的情形。所謂好的經驗理由，譬如談話的用詞、脈絡、有關說話者的背景知識。譬如，說話者是個欠缺歷史知識的人，我們在解釋他有關歷史事件的發言時，可要小心，不可隨意把它解釋為可接受的，如果他原本就講錯，那麼我們就不可以將它解釋成對的。

接下來，我們要介紹的講理第四則是：對要談論或爭議的事項愈有相關知識，講理會講得愈好。第五則是：講理的基本方法、技術和要略。」

「請問，邏輯和這些講理五則有什麼關係呢?」揚揚迫不及待發問。

殷教授喝口烏龍茶後，說：「邏輯和好的講理態度，應該說是沒有直接關係。這是說，邏輯不是研究怎樣培養和訓練好的講理態度的學門。但是邏輯和好的講理態度有相當的間接關係，因為邏輯要研究『怎麼講是講理的和不講理的』。因此學好邏輯的人，對什麼是講理和不講理，有較好的敏感度，對不講理有較高的警覺。這樣，就有助於好的講理態度的養成。

波蘭裔美國邏輯家塔斯基 (A. Tarski, 1902–1983) 說得

好：

> 我並不幻想，邏輯思想的發展，在人間關係的正常化歷程上，會特別有非常本質的影響；但是我確實相信，邏輯知識的廣泛傳播，可以積極貢獻加速這個歷程。因為一方面，藉使在其自己領域的概念的意義弄精確和一致，以及強調在任何其他範圍裡的這種精確和一致的必要性，邏輯可使願意這樣做的人之間，有較佳了解的可能。另一方面，藉改進和磨銳思想的工具，邏輯使人更具批判——因而使他們較少可能被似是而非的推理迷誤。在今天的世界各地，這種推理不斷被揭發。

談論的合作原則和解釋的寬厚原則，是當今邏輯理論，尤其是論證理論（theory of argument 或 argumentation）的重要議題。

至於講理的方法、技術和要略，雖然不是全部，卻正是邏輯本身的課題。在這點上，邏輯與講理的關係最密切。在丘崎教授來臺的這段時間，我們可以陸續的好好討論。」

午餐的時候到了。山莊女主人準備了豐盛的山間野味，有烤山豬、炸溪哥、破布子、山芥菜、阿里山上的高麗菜，還有原住民的小米酒呢！

「這些菜我從沒吃過，嗯～非常美味！還有這個小米酒，嗯～非常甘醇！」美食專家丘崎教授讚不絕口。

看到丘崎教授用筷子夾菜，小葳小聲的問：「老外也會

用筷子嗎?」

　　「什麼是『老外』?」丘崎教授好奇的問。

　　「哈哈! 本地人喜歡叫西方的訪客為『老外』。」殷教授笑著解釋。

　　「我叫『老外』嗎? 哈哈! 我有臺灣的名字了!」丘崎教授開懷的笑了。

　　在場的所有人都笑了，歡樂的氣氛飄散在山莊的每個角落。

· 第二回 ·

推理與真理

玉 山 日 出

　　太陽從玉山山巔冉冉升起，如此壯麗的景觀，讓喜歡觀賞朝陽景色的丘崎教授，看得出神。昨天的午後雨，讓今天清晨特別爽快。喝了今晨第一口烏龍茶後，丘崎教授說：「小葳，我們上次講到，邏輯基本上可視為是要給講理提供有用的方法、技術和要略的學問。那麼，邏輯要研究的是什麼呢？」

　　「我常聽說，邏輯是研究推理 (reasoning) 的學問。對不對？」小葳很有自信的說。

邏 輯 的 用 處

　　丘崎教授高興的說：「不錯。邏輯是研究推理的，尤其是研究好的推理的性質和特徵，以及好的（正確的）推理和不好的（不正確的）推理的分別。以下各對用語，常用來做這種區分：

> 正確 (correct)─不正確 (incorrect)
> 對 (right)─錯 (wrong)
> 合理的 (rational)─不合理的 (irrational)
> 可接受的 (acceptable)─不可接受的 (unacceptable)
> 適當的 (adequate)─不適當的 (inadequate)
> 有道理的 (reasonable)─沒道理的 (unreasonable)
> 合邏輯的 (logical)─不合邏輯的 (illogical)

　　　有效 (valid)－無效 (invalid)

　　　健全 (sound)－不健全 (unsound)」

　　「請問，這最後兩對用語，也是用來區分推理好壞的嗎?」揚揚等不及說。

　　「問得很好。有效無效和健全不健全，是邏輯術語。」殷教授說。

　　「術語和非術語，怎樣區分呢?」小葳問。

　　「術語是相對於日常用語來講的。」丘崎教授說:「日常生活上，社會大眾講話使用的語詞，是日常用語。另一方面，各行各業，各種學問，為了特別需要，尤其是為了把話和觀念講得更清楚更精簡，於是約定以某種專門性、技術性意義來使用一些詞語。這些詞語，就是該行該業、該學問的術語。例如，農漁業、金融業、網路業、資訊業、物流業、餐旅業等有各該業的術語;法律、物理學、生物學、經濟學、哲學、數學、醫學、工程學和邏輯等有各學問的術語。」

　　「既然術語能更清楚表達我們的觀念，那麼是否最好把所有或多數用語，約定成術語來使用呢?」小葳急忙問。

　　丘崎教授笑著說:「很有意思的問題。二十世紀的前期，的確有少數傑出的哲學家有這個『夢想』，甚至企圖實際去做。但是後來大家發現，不論在哲學思考上，還是實際技術上，都做不到這點。再說，也沒有必要。因為，在觀念和思想的表達和溝通上，術語和日常用語各有優缺點。使用術語，雖然可以把話說得更清楚、更精確、更簡潔，但是缺點是，沒有這些術語的背景知識的人，無法了解、交談和溝通。反之，使用日常用語，可以很容易的就和社會大眾交談與溝

通。但缺點是，比較不清楚、不精確和冗長。」

「啊哈，我懂了。」小葳說：「這就是為什麼我到醫院看病時，主治醫師和實習醫師的交談我聽不懂，但醫師和我講病情時我聽得懂。原來他們彼此交談時使用醫學術語，和我交談時使用日常用語。」

丘崎教授點點頭，喝一口茶後，繼續說：「好的推理有助於正確的回答、判斷和決定。我們不能依靠壞的推理來引導正確的回答、判斷和決定。學習邏輯和邏輯方法，非常有助於做出好的或健全的推理，避免壞的或不健全的推理。」

小葳插問：「邏輯要求嚴格。這樣，學了邏輯會不會變成刻板和書呆子，甚至和情感生活相衝突、相矛盾？」

殷教授趕忙說：「邏輯不是情感的敵人。法國數學家、物理學家和神學家巴斯哥 (B. Pascal, 1623–1662) 說：『心具有它自己的情理。』邏輯能夠考慮這些情理，並運行它。邏輯不會反對心的欲望，邏輯能夠幫助心完成情理。羅素是偉大的邏輯家，他的情感世界一樣豐富。有一個錯誤的成見是，學哲學的人會瘋瘋癲癲的。其實這只是本來有點瘋癲的人學了哲學。同理，不是學邏輯會變成刻板，而是本來有點刻板的人學了邏輯。」

「原來如此。」揚揚和小葳異口同聲。

丘崎教授繼續說：「雖然邏輯和情感並不自動、必然彼此對反，但是有時候衝突確實存在。古希臘哲學家柏拉圖和其他哲學家都曾指出，人的性格包含了彼此相反的許多傾向。當情感或情緒的衝動無法產生最好利益時，最好還是用邏輯推理去控制和克制。例如，有些時候，我們很想要攻擊

讓我們生氣的人；但是我們不這樣做，因為克制情緒對我們比較有利。」

小葳忙著說：「好幾次有人粗言粗語，讓我氣得牙癢癢，真想痛斥他一頓，但我忍住了。因為，我擔心他發怒，對我以牙還牙。所以，我心平氣和，小聲回應對方。請問這算不算用理性和邏輯推理，來克制情緒的衝動？」

丘崎教授點點頭，說：「是的。在處理可能導致我們自己受害的盲目激情或情感衝動時，邏輯、正確的理性和好的判斷，是很有用的。有時理性和情感彼此一致，有時互相對立，可是邏輯都能發揮作用，使心願達成，或是顯示出不同的真理。如果我們希望獲得真知識，而不是假信念，使用邏輯是必要的。」

一旁的揚揚問道：「在別人悖理、不講理、不合邏輯的時候，學邏輯有什麼用？」

殷教授喝一口茶後，慢慢說：「是的，令人傷心的是，人們時常受情感訴求，例如諂媚、廣告、宣傳，以及在極端情況下，洗腦、酷刑或折磨，和其他恐怖主義的形式所支配、影響和動搖。但是也是確實的，當我們想要說服別人去相信那些他們原本不相信的真理時，健全的邏輯論證是很有用的。由情感產生的信念，是容易變的、暫時的，而一個健全的論證是客觀的，時常產生更長久的信念。由好的論證產生的信念，比由非邏輯的手段產生的，更堅實和可護衛。」

「什麼是好的或健全的論證呢？」認真的小葳問道。

殷教授忙著回答說：「善哉問！我們等一下會討論這個問題。先說，即使有比健全的論證更有效的方法來感動人，

邏輯仍然是很有用的；因為邏輯幫助我們區分在科學、工程、政治、經濟、政府、法律、企業、哲學，以及個人生活上的錯誤和真理。邏輯能夠幫助我們釐清我們的思想。學習邏輯的最好理由，也許不在它可以贏得論證，說服別人相信我們的信念，而在於把它當做我們發現真理的工具。

無論東方或西方，自古以來的主流傳統都知道，真理會幫助一個人生活得好和生活得快樂。所以，學邏輯的一個主要理由是，對學習者本人是最好的。因為邏輯有助於得到真正的知識，並且能讓我們使用知識去生活得好，生活得快樂。」

「學邏輯對社會和人群有用嗎?」揚揚問。

殷教授很高興回答說：「好問題。我們也有社會和政治理由，鼓勵人們學邏輯。如果公民有良好的邏輯訓練，那麼在投票的時候，就會做出正確的選擇，否則，訴諸不理性的情感和壞邏輯，將會導致不正確的判斷和不聰明的決定。這樣一來，就無法獲得個人最好利益和社會共同福祉了。」

「這樣說來，學邏輯可以提升社會整體的效益喲!」小葳等不及說。

「可以這麼說。」殷教授繼續說：「在一個民主社會裡，每個人能夠理性的思想和合邏輯的推理，對他們自己是最有利的。如果我們看到一個人學邏輯有困難，我們不要不耐煩或生氣，我們應努力幫助這個人，學習以可用的最好方法做出合邏輯的推理。尤其從關懷別人的福祉和快樂的立場來說，這樣的教育更有意義。」

「意思是說，我們該像虔誠的信徒宣揚教義那樣，來宣

揚邏輯囉!」小葳熱烈的說。

「的確是。」丘崎教授很肯定的說。

什麼是推理?

雖然太陽已經高升,但是山莊的微風徐徐吹來,十分涼爽。就連小鳥也舒服的在嘰嘰喳喳著。

一邊喝著烏龍茶,一邊觀看潭上單飛的白鶴,殷教授說道:「在前面的討論中,我們一直講『推理』和『邏輯推理』,以及它們的重要。那麼,什麼是推理和邏輯推理呢?

在日常談論裡,我們經常使用『運動』(movement) 一詞。例如運動會、有氧運動、運動比賽、早操運動、社會運動、革命運動、天體運動、慣性運動、反作用運動、頭腦運動等。但『運動』不僅只是日常用語,它同時也是物理學的一個基本用語。當物理學家或物理學教本要拿這個在日常談論上常使用的用語,當做物理學上的專門名詞 (technical term) 時,要給它做規約定義 (stipulative definition)。」

「什麼叫做規約定義?」小葳發問。

殷教授說:「其實人們常常在做邏輯教本上所謂的規約定義,只是大家未必知道而已。有的專業術語是特別編造的,例如『電腦』一詞,就是電腦學上特別編造出來的。電腦一詞,在電腦學編造它以前,中文裡從未有這一詞。同樣的,『邏輯』也一樣,在邏輯學編造邏輯一詞以前,在中文裡沒有這個用語。

反之,有的專業術語是從日常用語中選出來,在意義上

做特別規定或約定後才加以使用。在物理學以專門意義使用『運動』一詞以前，在日常生活或其他專門領域裡早已使用它。物理學裡使用的運動一詞，其意義顯然要和日常生活或其他非物理學裡的有所不同。因此在物理學要使用這一詞時，要特別規定，或約定要以怎樣的特別意義使用。也就是要給運動做一個規約定義。」

「要怎樣給名詞或用語做規約定義呢？」揚揚露出相當疑惑的表情。

「請丘崎教授幫忙說明一下。」殷教授說。

正在欣賞空中翱翔的老鷹的丘崎教授，轉身喝了一口烏龍茶，慢條斯理的說：「簡單說來，可用我所謂的『加減法』、『增減法』或『是非法』對一個字詞做規約定義。現在就舉正要討論的『推理』一詞來說。

在日常生活或其他專業的討論裡，不論學過邏輯沒有，都會使用『推理』一詞。推理可以說是日常用語。因此，它和一般日常用語一樣，含有雜多的意義和使用。我們可能用推理一詞來指解說、預測、斷說、論證、定義、釐清和推論等的其中一例或一類。在邏輯研究中，為了講清楚說明白，我們不會而且也不應拿『推理』或『邏輯推理』，無分辨的來指稱上述這些。而會進一步去規定或約定，在這些諸多可能的意義中，哪一個或哪些是要當做推理或邏輯推理來使用的。在做這種規定或約定時，可用所謂的加減法、增減法或是非法去做。

在問『什麼是推理』時，通常總會想到在正面上推理『是』或『應是』什麼。但加減或是非法告訴我們，要知道

『什麼是什麼』時，同樣重要的是要知道『什麼不是什麼』。
這是所謂是非法。在應用是非法時，我們也常從『非』做起。
也就是說，我們要給『推理』做的規約定義裡，要從『非』
做起。」

推理不是什麼，是什麼

　　一隻小麻雀飛到陽臺來，圓圓的身軀，跳躍的步伐，實
在很可愛。丘崎教授看了不禁笑了，說：「推理是重要的人
類思想活動。雖然每個邏輯活動會涉及思想的活動，但不是
每個思想活動都是邏輯要研究的。在日常討論裡，推理一詞
雖然時常會涉及解說、預測、定義和釐清等，但在邏輯，尤
其是這個烏龍邏輯裡要講的推理，並非一定要涉及這些。也
就是說，解說、預測、定義和釐清等，不是這裡要講的推理
的元素。
　　西方哲學和邏輯的傳統研究上，常把邏輯推理和人的
心理意識過程混雜和糾纏在一起，而且視為當然。但是十九
世紀末葉，現代邏輯的建造者，德國邏輯家、哲學家和數學
教授弗列格則相當不以為然。他在邏輯討論裡猛烈攻擊他
所謂的心理主義 (psychologism)。他認為，當做邏輯研究的
推理，或抽象的推理，不應與變化不定的心理意識過程混雜
在一起，而應劃開來獨立研究。」
　　「什麼是心理主義呢?」小崴迫不及待問。
　　丘崎教授點點頭，慢慢繼續說：「在哲學上所謂的心理
主義，範圍很廣。我們在這裡提到的是弗列格所批評的心理

主義，是指一種主張或說法，認為必須以說話者或聽話者所激起的心理過程來處理字詞的意義，或者以掌握字詞的意思所牽連的心理過程來處理字詞的意義。或者更強調的說，這些心理過程是我們在使用字詞時內心所稱指的。這種心理主義概觀，深埋在英國經驗論 (empiricism) 和新康德學派 (Neo-Kantianism) 的觀念論 (idealism) 裡。」

「好像有點不好懂耶。」小葳有點不好意思的說。

「不必急。」丘崎教授繼續說：「由於弗列格攻擊心理主義，所以自他以後，邏輯研究的一個標準作法是，去區分思想程序的心理學研究和推理的邏輯研究，以及不把邏輯的題材當成心理事件和心理過程來描寫。在這個歷史脈絡裡，弗列格對心理主義的攻擊，是針對十九世紀末葉新康德學派企圖把邏輯化為經驗心理學的回應。新康德學派這個企圖被看作是，要剝奪邏輯當做一個推理規範 (normative) 的理論的地位。弗列格堅持，邏輯的題材不是思想的作為，不是觀念或任何主觀的東西。邏輯是一門『真理的科學』。它所處理的『思想』或『命題』是可產生真假問題的東西，是『語句的意思 (sense)』。這樣，邏輯就成為表達思想或命題的語句之間的某種關係的研究，尤其是辯護從一個語句進行或移往到其他一些語句的關係的研究。」

「丘崎教授的意思是，在弗列格的心目中，邏輯的推理研究，不是推理的心理過程或心理現象的研究，而是表達推理的語句之間的關係的研究；尤其是語句的真假之間的關係。」揚揚很有自信的這樣闡釋。

「很好！很好！」丘崎教授一邊說，一邊探頭看望丘陵

上群飛的鴿子。

真理與好的推理和壞的推理

　　小葳也不甘示弱說：「聽說，當做一門學問，邏輯關切的是要去區分好的推理和壞的推理。邏輯既是一種藝術，也是一種科學。當做一種科學，邏輯要探究、發展和系統化可以用來區分正確和不正確的原理和方法。當做一種藝術，邏輯要訓練種種邏輯分析和區分好壞的技術、技巧和能力。我這樣說對嗎？」

　　殷教授微笑並點點頭。小葳更進一步問：「但是，我們要怎樣區分好的推理和壞的推理呢？」

　　殷教授緩緩的說：「我們先看『推理』。中文推理一詞，非常傳神的表達和翻譯了英文的 "reasoning"。物理學講的『推動』的『推』，所推的東西是『物體』。那麼，請問，邏輯裡講的『推理』的『推』，所推的是什麼東西呢？」殷教授停下來，等著回答。

　　小葳想了想，輕鬆的說：「有了，很簡單。顧名思義，所推的是『理』。」

　　「很好！很好！」殷教授很高興的說。

　　「但是，是什麼『理』呀？」揚揚迫不及待的追問。

　　丘崎教授和殷教授都故不作聲。等一會兒，揚揚和小葳異口同聲，試探說：「會不會是『真理』、『道理』呀？」

　　「對！對！」殷教授大聲說，並進一步指出：「真理 (truth) 是邏輯的基本而重要的觀念。許多邏輯觀念都可以或需要

藉它來說明。譬如，推理的好壞。這裡，我給你一個真理，如果你從它推出的也是一個真理，則你的推理是好的、正確的。反之，如果你從它推出的未必是一個真理，則你的推理是壞的、不正確的。」

「哈！哈！有道理，有道理。」揚揚和小葳異口同聲說。

「還有！」殷教授趕緊說：「我們通常用語句 (sentence) 來表示真理。因此，推理可以說是使用語句來進行。或者說，是在語句的真假之間來進行。」

「我懂了！」揚揚和小葳高興的說。

「不過，」殷教授接著說：「在當代一般邏輯教科書或邏輯通識課程上，很多人喜歡用論證 (argument) 的好壞，來代替推理的好壞。我們也這樣來做吧！事實上，論證是現代一般邏輯討論上最基本、最重要的一個概念。」

幾隻老鷹在果園上空飛著，不時傳來響亮的叫聲。丘崎教授望向天空，相當嚮往的樣子。

「丘崎教授，您怎麼對老鷹這麼著迷呢?」小葳好奇的問。

「UCLA 北邊山丘上空，也常有老鷹飛翔。閒暇時刻，我常到那邊仰望，欣賞老鷹的英姿。」丘崎教授若有所思的說著。

揚揚轉過頭，偷偷的對著小葳說：「我猜，丘崎教授在想家了！」小葳小聲的回答：「才不是哩，他是在想 UCLA 啦！」

第三回

論證與解說

阿里山上的夜燈

　　夜幕低垂，山莊東邊的阿里山上，亮起了一盞盞的夜燈，在晚風中輕搖著；而山莊西邊的嘉南平原上，早已燈火通明，像是座歡樂的不夜城，恣意的發散一身的絢麗。丘崎教授和殷教授、揚揚和小葳，在陽臺欣賞這美麗的夜景，微風吹來，相當的舒爽。

　　揚揚回頭問道：「上次教授說，『論證』是現代一般邏輯的最基本、最重要的一個概念。請問：什麼是論證？」

　　殷教授沉思了一下，說：「其實，不論在日常談論，還是科學或專業的討論，我們時時在『做』論證。雖然大部分人並不知道他在做。尤其，由於華人文明在歷史發展上，沒有明文的邏輯學，因此甚至許多讀書和寫文章的傳統華人，也不熟悉論證等基本邏輯概念。」

　　「這是不是所謂的知難行易？」小葳急著問。

　　丘崎教授含笑，好像弄不清楚這是什麼問題。這時候，殷教授趕忙說：「這不是三言兩語可以說清楚的問題。讓我們專注在論證的討論上吧！」

論證——前提與結論

　　殷教授繼續說：「還記得走失的小花貓是誰的那個爭論吧！當別人主張說，那隻走失的小貓是他的，而小葳卻主張是她的時，講理的小葳拿那隻小貓戴著的金色項圈是她前

幾天買的，來當證據或理由，來保證或支持她的主張。

　　小葳，當妳拿小貓戴著金色項圈是妳前幾天買的，當證據或理由，來保證或支持那小貓是妳的主張時，妳就在做一個論證。」

　　揚揚等不及說：「這麼說來，當一個人提出證據或理由，來保證或支持他的主張時，就形成一個論證了。」

　　「對。但很多人或沒有學過邏輯的人，並不知道他在做邏輯上所謂的論證。」殷教授點頭說。

　　「在一個論證中的所謂保證或支持，是什麼意思?」小葳也跟著發問。

　　「大哉問。先讓我們介紹兩個有用的用語。為了方便討論，在邏輯上，把一個論證中用來保證或支持一個主張的證據、根據或理由，叫做前提 (premisses)；把被保證或支持的主張，叫做結論 (conclusions)。」殷教授緩緩的說。

　　小葳搶著說：「這麼說來，一個論證是由前提和結論構成的。而前面講的小花貓的論證中，『小貓的金色項圈是我前幾天買的』為前提，『這小貓是我的』為結論。」

　　殷教授接著說：「可以這麼說。現在是否可以再舉些論證的例子?」

　　小葳試著舉例：「

（例 1）

　　⑴所有偉大的物理學家數學很棒。

　　⑵牛頓是偉大的物理學家。

　　⑶所以，牛頓數學很棒。」

丘崎教授微笑點點頭。揚揚朝向小葳說：「妳以為妳數學很好，就想當偉大的物理學家！」小葳笑而不答。揚揚等不及，也舉個例子：「

（例 2）

　　(1)鯨哺乳牠的孩子。

　　(2)因為，鯨是哺乳動物；

　　(3)所有哺乳動物哺乳牠的孩子。」

丘崎教授也點點頭。小葳插嘴說：「揚揚喜歡到花蓮外海賞鯨，難怪會舉這樣的例子。」殷教授笑著說：「輪到我舉例子了。」他說：「

（例 3）

　　(1)因為阿里山的姑娘美如花；

　　(2)所以，番路的柿子甜如蜜。」

聽完了這個例子，大家都笑了。揚揚和小葳以為殷教授在開玩笑，連聲問：「這是什麼論證呀？」

殷教授也不做解釋，只賣關子說：「通常，我們用像『因為』、『所以』這些語句連接詞來引進論證。『因為』引進前提，『所以』引進結論。前提和結論的出現先後次序，可以因說話情境的不同而不同；有時前提在後，結論在前。

這裡，要注意有關論證的兩個相關但不同的問題，就是，論證的辨識、確認或有無的問題，和論證的好壞的問題。一個好的論證是論證，一個壞的論證也是論證。剛才揚揚和小葳好像對我舉的例子有懷疑的樣子，之所以懷疑，恐怕是

覺得它是不好的。」

「啊哈，這樣我就知道了。有一次，我對我的家教學生說，他的數學演練『不是證明』時，為什麼他會生氣說：『明明它是我做的證明呀』。」小葳有所悟的說。

揚揚問：「這樣，在一個說話、一個文段，我們要怎樣辨識、找出一個論證呢?」

「這是否請丘崎教授幫我們講解?」殷教授說。

「好的。」丘崎教授說：「首先，在說話或文段、文章裡，論證多半是自由出現的；也就是不定時不定點的出現，有時重複出現，交織在一起。意思是說，在一個討論裡，同一句話，可以同時當兩個結論的前提。當一個論證的前提，也可當另一論證的結論。當一個論證的結論，也可當另一論證的前提。」

「這樣，我們要怎樣決定一個討論裡論證的個數呢?」小葳插問。

「問得好。」丘崎教授說：「由結論的個數決定。有多少結論就有多少論證。」

「請講慢點，我有點不清楚。」小葳說。

「不急。」殷教授：「先靜下來，喝個茶，再慢慢說。」

星光閃閃，層層相架，三意要素

丘陵上空，星光閃閃。山風徐徐，十分舒爽。

喝了口茶後，小葳等不及的快問：「剛剛所說的地方，我還是有點不清楚。」

　　「是的。要弄清楚這些並不難，但最好找些實際的例子來講。」殷教授接著說：「設①②等數圈代表語句或論證裡的前提或結論。箭號『→』表示前提和結論的關係。箭頭表示結論，箭尾表示前提。右括波『}』表示括波左邊的諸語句或諸前提，連合起來保證或支持括波右邊箭頭的結論。例如：

（例4）

　　　　①→②

表示在這個討論裡，前提①保證結論②。

（例5）

　　　　①→②→③

表示在這個討論裡，前提①保證結論②，結論②當前提保證結論③。這也表示，在一個討論裡，一個語句可同時當一個論證的結論，又當另一論證的前提。

（例6）

　　　　①
　　　　　}→③
　　　　②

表示在這個討論裡前提①和②連合在一起保證結論③。

（例7）

　　　　①
　　　　　　↘
　　　　　　　③
　　　　②→↗

表示，在這個討論裡，前提①或②各自獨立保證結論③。

（例 8）

表示，在這個討論裡，前提①分別保證結論②和③。這裡就有分別以②和③為結論的兩個論證。

（例 9）

①→②
③→④

表示，在這個討論裡，有以①為前提②為結論，和以③為前提④為結論的，兩個並行的論證。

（例 10）

表示，在這個討論裡，有以①和②為前提③為結論，以③為前提⑤為結論，以及以④為前提⑤為結論，這三個論證。而且這三個論證的前提和結論，彼此層層相架，交織在一起。」

「嗯!」小葳如釋重負說:「我好像比較清楚了。但殷教授在這裡一直講『在這個討論』。請問:『這個討論』的『討論』(discourse) 是什麼意思?」

「問得好!」殷教授很滿意的說:「學邏輯就要這樣追

問。」

「我知道，一個討論和聊天或漫談不同。聊天和漫談可以天南地北，沒有主題的東講西講。一個有用的討論，不但要有主題，而且還要在一定的範圍和假定下進行。」揚揚很自在的說。

「講得很好。你們都是很有前景的哲學和邏輯學生。」殷教授頻頻讚美，並且提高嗓子說：「對了，最好記得我所謂的論證三意要素。所謂三意，是指三個意思表示。即一個論證必須有三個意思表示：一，結論為真或為有道理的主張；二，拿前提的真或道理保證或支持結論的真或道理；三，前提為真或為有道理。這三意要素，是我們辨識或找尋論證的根據。」

「這裡一直提到前提或結論的真。請問什麼是真？」揚揚很認真的問。

殷教授愣了一下，說：「請丘崎教授幫個忙。」

丘崎教授邊喝茶邊說：「真假的概念，在邏輯哲學上是十分難纏的。但是，在我們這個烏龍邏輯或一般邏輯的討論上，只要知道下面這些應該就可以。所謂前提和結論真假，是指表示前提和結論的語句的真假。所謂語句的真假，是指譬如語句『地球是圓的』和『阿里山在臺灣嘉義』為真，語句『$2+3=7$』和『水是固體』為假的真假。真假的概念，是邏輯最基本的概念。許多邏輯概念可或需要經由它來定義或表示。」

「原來如此！」揚揚和小葳同聲說。

演繹論證與歸納論證

　　潭底的青蛙，叫個不停，趁著叫聲暫停的片刻，小葳發問：「前面例3殷教授舉例說：『因為阿里山的姑娘美如花；所以，番路的柿子甜如蜜』是一個論證。我至今仍然半信半疑，它真的是一個論證嗎？」

　　殷教授趕忙說：「一段話是不是一個論證，或是一段話裡有沒有一個論證，是要看這段話有沒有論證的三意要素。有，則這段話是或有一個論證；沒有，則這段話不是或沒有一個論證。這和這一論證——如果它是論證——的好壞或正不正確無關。好的或正確的論證是論證，壞的或不正確的也是論證。」

　　「在辨識或找到一個論證後，在邏輯上我們還要做什麼？」小葳輕鬆的問。

　　「邏輯上一個重要的課題是，區分論證的好壞或正確不正確。」殷教授回答。

　　「從什麼觀點來區分論證的好壞呢？」小葳等不及又問。

　　「問得好。」殷教授繼續說：「可以從種種觀點。譬如，問前提是否為真，結論是否為真，前提是否確實保證或支持結論，論證是否感動人、說服人。但在核心或基本邏輯裡要討論的，主要是前提的真是否確實保證或支持結論的真，而把其他問題暫時放在一邊。」

　　「前提是否為真的問題為什麼可以暫時放在一邊，而不需同時研究呢？」揚揚也等不及問。

「問得好。」丘崎教授接著說：「這是因為前提的真是否確實保證或支持結論的真，與前提是否確實為真無關。這正如同一個直徑五十公分的柱子是否確實能支撐這塊石頭，與這個柱子的直徑是否確實為五十公分無關。更明白說來，問一個前提的真是否保證或支持結論的真，是問如果一個前提為真，則它是否保證或支持結論為真。邏輯的概念雖然常常經由真假來說明或定義，但邏輯不追問或通常不追問一個語句實際上是否為真。邏輯要追問的是『如果……為真，則……是否為真?』」

對了，為了適當的區分論證的好壞，我們必須先給論證做一個基本的分類。因為不同種類的論證，需要有不同的區分標準和方法。現在我們要把論證分為演繹 (deductive) 論證和歸納 (inductive) 論證兩類。」

小葳插話說：「我們是不是在講演繹法和歸納法?」

「問得好。」殷教授說：「演繹和歸納兩相對比的討論，在西方已有很長的歷史。我們這裡不涉入這個長久的討論。要注意的是，『演繹』和『歸納』兩個漢語，不是漢語歷來有的，恐怕是日本人編造來，分別翻譯西方英文的 "deduction" 和 "induction" 兩字的。現在『演繹論證』和『歸納論證』兩詞的使用，最好依現在對它的講述或定義來了解，不要牽涉到『演繹』和『歸納』這些字詞，在漢語中原來可有什麼意義。

好! 要知道的，一個人拿前提的真假來保證或支持結論的真時，做了一個論證。論證者心目中可有兩種很不一樣的保證或支持。一種是保證或支持結論必然（必定，一定，肯

定，絕對）為真；一種是可能（或許，大概，或然）為真。在前者，論證者做了演繹論證；在後者，做了歸納論證。在這兩種論證裡，論證者所做的保證或支持的意圖是不一樣的。一個是意圖保證或支持結論『必然』為真，一個是結論『可能』為真。這樣，這兩種論證意圖的保證或支持程度是不一樣的。區分它們的好壞的標準就會不一樣的，方法也會不一樣的。」

「這樣，在區分演繹和歸納論證的好壞以前，我們是不是必須先分辨一個論證是演繹的還是歸納的?」揚揚問道。

「對。」殷教授說:「首先，不論在日常、科學或專業的談論裡，演繹和歸納論證經常混在一起使用。一般說來，在純邏輯和純數學的討論和書本裡出現的，是演繹論證。使用『必然』等字眼的是演繹論證;使用『可能』等字眼的是歸納論證。如果論證者在場的，可以當場問他。其他分辨方法可參考劉福增的《基本邏輯》第三十三頁到三十六頁。萬一無法確定，也不必急。因為我們可以這樣來解決，即，就它是演繹的還是歸納的，判定它是如何的好如何的壞。這可稱為『分別做判定』。」

「這是否是說，一個論證是演繹還是歸納的，最後要由論證者的主觀意圖來決定?可是，如果論證者的意圖沒有表示清楚怎麼辦?」揚揚進一步問。

「對，最後由論證者決定。至於論證者的意圖表示不清，那是他的邏輯思考的訓練問題，和邏輯本身無關。」殷教授回答說。

「對，對。」小葳點頭表示贊同。

真假，有效與無效

　　夜深了，然而大家談興正濃，一點睡意也沒有，尤其是年輕的小葳。

　　「我常聽說什麼論證的有效無效，這與論證的好壞有關嗎?」小葳又開始問了。

　　「好問題。前面講過，若要泛論論證的好壞，可從多方面下手。但就核心邏輯而言，是前提的真是否能保證或支持結論的真的問題。如果能保證或支持，是好的論證;如果不能，則是壞的。但論證好壞的論斷，要依論證者意圖的保證或支持的程度而定。顯然，如果一個論證實際上符合或達到論證者意圖的保證或支持程度，我們就可以評定它是好論證;反之，如果不符合或未達到的程度，則它是壞論證。好壞的評價應該如此。」

　　「這樣，用好壞來評定演繹論證和歸納論證，不是容易造成混淆不清嗎?」小葳沒等殷教授講完又問了。

　　殷教授很高興回答說:「對。為了避免混淆不清，邏輯上把好的演繹論證，叫做有效 (valid) 論證;壞的叫做無效 (invalid) 論證。把好的歸納論證，叫做強 (strong) 論證;壞的叫做弱 (week) 論證。」

　　「そうですか (音為 sodesga，即『原來如此』之意)!」小葳不自禁說。

　　「上了兩堂日語，就愛現。」揚揚也不自禁說。

　　「哈! 哈!」殷教授笑著說:「讓我們說一下日常用語，

半術語，和術語。一般人日常生活上使用的語詞，是日常用語。科學專門領域或專業上，經特別約定或定義，以更精密的意義使用的語詞，是術語或專門用語。介於日常用語和術語之間的，是半術語。」

「這麼說來，為了使談話和思想更精密更清楚，大家都應使用術語來交談。」小葳追問說。

「慢點。」殷教授回答說：「術語和日常用語的使用各有方便和優劣。使用術語講話雖然比較精準和簡潔，但不是該行的人聽不懂。股票操作裡有很多術語，但對沒有玩過股票的人，用這些術語交談，應該一句也聽不懂。但所謂術語和日常用語，是相對的。對股票族來說，股票術語早就變成日常用語了，說不定連夢話都說出一大堆股票術語呢！」

「喔，懂了。」揚揚不急不忙說：「所謂有效論證和無效論證的『有效』『無效』是邏輯上的術語。強論證和弱論證的『強』『弱』可以說是半術語。對吧！」

「對，對。」殷教授點點頭。

小葳也不甘示弱說：「這樣，一個演繹論證的前提的真保證或支持結論必然為真，則有效；反之，不保證或支持必然為真，則無效。一個歸納論證的前提的真保證或支持結論很可能為真，則為強的；反之，不保證或支持很可能為真，則為弱的。」

丘崎教授點頭稱是，並喝一口茶。

論證，　推理，　推論，　解說

揚揚接著問：「論證、推理、推論（推演，inference）和解說 (explanation) 這些概念似乎糾纏在一起，應該怎麼分辨呢?」

「嗯！我們馬上給這些用語和觀念做個簡單的分辨。」殷教授說:「『論證』主要當邏輯的術語使用，有一定的定義，意義比較明確。其他三個用語，常在日常中被使用，意義比較不明確。在邏輯裡，『推理』有廣狹兩義。狹義的推理，幾乎和論證同義。廣義的推理所強調的是一個起點的真理到最後一點真理的思考過程。論證和廣義推理的最大不同是，論證要求前提和結論都為真，而在推理可以不必要求起點（前提）和終點（結論）為真。要注意的，推理可以從假定為真的起點（前提）出發。而『推論』有時當推理的同義語。在比較形式的場合，推論指的是有比較明文的法則作為根據的推理。

『解說』在最廣的意義上，是指對詞句或事項的意義的解釋、說明。在對一個可能的事實問『為什麼』時，是要人做論證還是解說，以及回答的是做論證還是解說，時常令人分辨不清。『論證』是要對結論的真提出保證、支持或證明的證據。『解說』是要對結論或待解說的事項——對它的真沒有起疑或沒要求提出證明——提出致使的原因、理由或來由。例如，當我們問『為什麼臺灣昨天的股票大漲』時，如果回答的是『今天早報說的』，則在做論證，因為這裡拿

早報說的當證據，證明臺灣昨天股票大漲是事實；如果回答的是『前幾天美國和日本的股票都漲』，則在做解說，因為這裡拿美國和日本股票都漲來說明臺灣股票漲的原因和理由。」

揚揚和小葳異口同聲說：「有意思！」

夜深了。潭邊兩家咖啡小店的燈火陸續熄滅，但遠方嘉義市的燈光，像螢火蟲一般，整夜都在閃爍著。

·第四回·
正確的論證形式

半天岩的眺望

　　今天天氣特別晴朗，烏龍邏輯對話的四個人，一大早就帶著一壺熱茶，到半天岩的山上，眺望遼闊的嘉南平原。

　　面對美景，丘崎教授情不自禁說：「臺灣真是個好地方，而且年輕人也熱衷探索邏輯。」

　　小葳問道：「說到邏輯，我們要怎樣知道一個論證的好壞呢？」

　　丘崎教授說：「找尋種種方法和技術來區分論證的好壞，提供種種正確的論證方法和要領給大家使用，提醒容易犯錯的論證方式，這些都是邏輯的重要工作。」

保證，支持，如果……真，則……真

　　「我們要怎樣著手呢？」揚揚問。

　　「你的『著手』問得很基本，很好。」丘崎教授繼續說：「我們要從論證的好壞的觀念著手。我們說，一個演繹論證為有效，如果其前提的真的確保證或支持結論必然為真。一個歸納論證為強的，如果其前提的真的確保證或支持結論（很）可能為真。這裡，論證有效或強的定義，從日常的感覺來說，似乎頗為明顯。但仔細看看，從邏輯觀點來說，可以把這裡的『的確』、『保證』和『支持』洗掉（去掉），而把它們分別『淨簡』為，一個（演繹）論證為有效，如果其前提為真時，其結論必然為真；一個（歸納）論證為強，如

果其前提為真時，其結論（很）可能為真。」

揚揚追問說:「為什麼可把這些字眼或觀念洗掉（去掉）呢?」

「仔細想想。」丘崎教授停頓一下，再說:「在原定義裡，『的確』只是語氣的強調，沒有特定的邏輯意含，故可刪。『保證』和『支持』也是日常意味很濃的用語。語句 A 的真保證或支持語句 B 的真，其邏輯意含追問下去，顯然可以表示為如果 A 真則 B 真。」

「『如果……則……』的邏輯力量好大呀!」小葳驚詫的說。

「邏輯的力量在以簡馭繁。」丘崎教授回應說。

白雲飄飄，論證正確性的判定標準

仰望天上白雲的殷教授，一本正經的說:「一般邏輯教本或課程，先講演繹論證和演繹邏輯，再講歸納論證和歸納邏輯。我們的烏龍邏輯對話，也打算這樣進行。」

「為什麼是這樣的先後次序，有什麼重要考慮嗎?」揚揚馬上提問。

「基本上有三個考慮。一個是，知識的講習最好從比較可以精確處理的部分做起。比起歸納邏輯，演繹邏輯可以較精確處理。再一個是，歸納邏輯需要借助演繹邏輯一些觀念和原理來講，但反之不必。最後一個是，演繹邏輯基本上講的是形式，歸納邏輯講的則要涉及經驗內容。就思考的訓練來說，先從形式的訓練做起，比較有效。」殷教授侃侃而談。

「そうですか。」小葳又現她的日語了。

殷教授提高音量說：「現在我們要討論怎樣發現和判斷一個論證為有效或正確的了。我們使用『正確』和『不正確』當有效和無效的半術語。現在要討論的，主要指演繹論證。

要發現和判定論證是否有效或正確，最好從查看什麼與此相關來著手。試看下面四個簡單的（演繹）論證：

（例1）

　　⑴《西遊記》是吳承恩寫的或是《紅樓夢》是曹雪芹寫的。

　　⑵《西遊記》不是吳承恩寫的。

　　⑶所以，《紅樓夢》是曹雪芹寫的。

（例2）

　　⑴史坦福大學在加州或是哈佛大學在波士頓。

　　⑵史坦福大學在加州。

　　⑶所以，哈佛大學在波士頓。

（例3）

　　⑴地球是方的或是雪是白的。

　　⑵地球不是方的。

　　⑶所以，雪是白的。

（例4）

　　⑴小葳喜歡阿土或是 $2 + 3 = 7$。

　　⑵小葳不喜歡阿土。

　　⑵所以，$2 + 3 = 7$。

請問，這些論證，哪些是正確的（有效），哪些是不正

確的（無效）?」

　　小葳摸摸自己的頭，喃喃自語說:「真真假假，假假真真，有點摸不著頭緒。到底哪些是正確的，哪些是不正確的?到底要用什麼標準來判定呢?」

　　「很好，妳想到判定的標準。還記得論證為正確的定義嗎?」殷教授問。

　　「當然記得。一個論證為正確，如果其前提為真時結論不可能為假。」小葳明快的回答。

　　「我們好像可以把這論證正確性的定義，當做論證是否正確的判定標準。」揚揚心領神會了。

　　殷教授點點頭說:「的確如此。其次，也很重要的是，這個定義裡有哪些重要的用語或概念，它們和論證正確性是否相干，怎樣相干?」

　　「我知道，有『真假』、『如果……則……』和『不可能』這些重要用語或概念。但它們怎樣和論證的正確性相關，我一時還想不出來。」小葳直率的說。

　　「卡住了吧!」揚揚隨口說一句。

　　「不急不急，先說一兩點。」殷教授接續說:「一個論證只有一個結論，但一個論證可以含有好幾個或許多個子論證，而每個子論證有它自身的一個結論。這樣，所謂結論的真假，是指這一論證的該個結論的真假。一個論證至少有一個前提，也可以有許多個前提。每個前提都真，我們才能概括的說前提為真。只要有一個前提為假，前提就假。」

　　「有道理。」揚揚和小葳異口同聲說。

　　「現在我們可以回頭來看，可當一個論證是否有效或正

確的判定標準的定義了。」殷教授扯開嗓子說：「首先，要問的是，依這個定義，論證的有效性或正確性和前提或結論『本身』的真假有關嗎？為什麼？」

停頓一下，揚揚和小葳搶著回答：「沒有，因為在定義裡，只說『如果前提為真時結論不可能為假』，沒有單純說『前提為真』或『結論不可能為假』。」

這個回答讓丘崎教授頻頻點頭，很滿意。

殷教授再問：「那麼，和論證的正確性有關的是什麼呢？」

小葳搶著說：「不用說，剩下的只有『如果前提為真時結論不可能為假』了。」

揚揚也不甘示弱說：「前提的真和結論的真假之間的條件關係。對不對？」

丘崎教授和殷教授都點點頭。

悠閒的小鳥，正確的論證形式

山上空氣清新，四處皆有悠閒的小鳥在枝頭蹦蹦跳跳著。清風吹拂，相當愜意。

丘崎教授說：「這景色讓我想起家鄉的比佛利山丘，以及從太平洋吹來的海風。」

揚揚打趣的說：「丘崎教授，您也可以住在臺灣啊！這樣我們就可以常跟您請教邏輯了！」

丘崎教授笑而不答，拿起茶杯，一飲而盡。倒是殷教授接著說：「我可是邀請了好幾年，丘崎教授才排出時間來臺

訪問，要是他在臺灣 long-stay，其他國家的邏輯學者應該會很生氣吧！」大家聽了都笑了。

　　喝一口烏龍茶後，殷教授說：「現在回歸正題。讓我們依『如果前提為真則結論不可能為假』的判定標準，來檢定前面四個論證是否正確。注意，在檢定時不要被無關的因素干擾。這四個論證的第一個前提，都是由語句連詞『或是』(or) 連接兩個語句而形成的複合語句，邏輯上叫做選言 (disjunction)；被連結的語句，叫做這個選言的選項 (disjunct)。通常的了解是，如果有一個選項為真，那麼這個選言就為真。

　　好，現在請問例 1 論證是否正確，為什麼？」

　　丘崎教授看到揚揚和小葳有些遲疑，建議說：「這樣好了。我們先判斷這些論證是否正確，再請兩位說明為什麼。先說例 1，它是正確的。為什麼？」

　　小葳搶著說：「因為結論『《紅樓夢》是曹雪芹寫的』為真。不對，不對，因為結論本身的真假和論證的正確性無關。第二個前提『《西遊記》不是吳承恩寫的』為假，也不對，因為前提本身的真假和正確性無關。第一個前提為真，也和正確性無關。剩下的，是看如果前提為真，結論可不可能為假了。如果前提為真，則兩個前提都必須為真。如果第二個前提為真，則當第一前提的第一選項必定為假。如果第一選項為假，則第二選項必定為真；也就是結論必定為真。因此，如果前提真，則結論不可能為假。所以，這個論證正確。」

　　殷教授接話說：「分析得很好。現在，例 2 是正確的。為什麼？」

「是不是前提和結論都真！」小葳脫口而出後，馬上又收回來說：「不對，不對。前提和結論本身的真假，和正確性無關。」

「還好，來得及改謬歸正。理由還不是和前面一樣，如果前提真結論不可能為假。如果第一個前提真，則兩個選項之一為真。現在其中一選項，即第二個前提『史坦福大學在加州』為真。這樣，無法確定另一選項，即『哈佛大學在波士頓』為真，即無法確定結論為真，即結論可能為假。所以，這個論證不正確。」揚揚一步一步推論。

「哈佛大學在波士頓，怎麼可能為假呢？」小葳疑惑的問。

「問得很好。」丘崎教授說：「在定義論證的有效性或正確性時，我們需要使用『可能』(possible) 這個邏輯觀念。哈佛大學可能遷校嗎？任何大學都有可能遷校。如果有一天波士頓城被海水淹沒，哈佛大學還要繼續經營下去的話，就必須遷出波士頓。因此，哈佛有可能不在波士頓。」

「了解了。」揚揚和小葳同聲說。

殷教授接著說：「我們可依檢定前兩例的方式，判定例3、例4是正確的。」

「我不喜歡阿土，是對的。但 2 + 3 = 7 這個結論明明是假，為什麼說例4是正確的呢？有點糊塗了。」小葳有點疑惑說。

「何只一點，很多點呢！」揚揚喃喃自語。

「啊，對了。我真的糊塗了。當例4的兩個前提都真時，結論不就不可能為假嗎？我知道，不會兩個前提都真，因此，

不必擔心 2 + 3 = 7 真的會真。果然，照著邏輯去想，就能想通。」小葳繼續追問：「對了，我有一點小疑問。在正確性的定義裡，好像沒有講到如果前提為假時會是怎樣。這是怎麼回事?」

丘崎教授點點頭說：「在邏輯裡，沒有提到的東西就和正在講的東西無關。因此，在檢查論證是否正確時，不必考慮如果前提為假的情況，因為在這裡是要檢查實際情形是否如論證者意圖的，即如果前提為真時結論是否不可以為假；論證者對如果前提為假時結論或真或假，沒有說什麼。」

「邏輯觀念的追索，越來越有趣了。」揚揚說，小葳也在一旁點頭。

殷教授趕忙說：「現在讓我們看看什麼東西和論證的正確性有關。我們一再講了，和前提或結論本身的真假無關，並且指出『和前提為真時結論不可能為假』的這種條件關係有關。現在我們要再進一步去查看，什麼東西會和這種條件關係有關。

現在我們要用 A_1, B_1; A_2, B_2; A_3, B_3; A_4, B_4 這四組英文字母，分別依次代表前面四個論證例子第一個前提的第一第二選項，而把這些論證分別部分符號化，並把前面所做正確性的判定寫在右邊：

（例 1）

　　⑴ A_1 或是 B_1

　　⑵非 A_1

　　⑶所以，B_1　　　　正確

(例 2)

　　(1) A_2 或是 B_2

　　(2) A_2

　　(3)所以，B_2　　　　不正確

(例 3)

　　(1) A_3 或是 B_3

　　(2)非 A_3

　　(3)所以，B_3　　　　正確

(例 4)

　　(1) A_4 或是 B_4

　　(2)非 A_4

　　(3)所以，B_4　　　　正確」

　　殷教授拿了紙筆，將論證寫在上面。才寫完，小葳等不及問：「為什麼要符號化呢?」

　　「善哉問!」丘崎教授接著說：「符號化是文字表示的一種簡寫、簡化。適當的簡化能夠讓我們容易看到簡化前不易看到的東西，並且更好處理這些東西。在當代，利用符號化來處理東西，是到處可見的。數學就是歷來符號化的經典代表。數學的精密符號化，能夠精密表達數學觀念，並且精密運算這些符號。」

　　殷教授接著說：「好。請看上面四個符號化的例子。注意它的『形式』(form)。不難發現，例 1、3 和 4 具有相同的『論證形式』，而例 2 的則不同。設 p 和 q 代表任意語句。那麼，例 1、3 和 4 都具有：

　　　(1) p 或是 q

　　　(2)非 p

　　　(3)所以，q

這個論證形式，而例 2 則具有：

　　　(1) p 或是 q

　　　(2) p

　　　(3)所以，q

這個論證形式。」

　　「我看到了。」揚揚趕忙說。

　　「有什麼好看到的。這兩個論證形式明顯是不同的。」小葳插嘴說。

　　「不但有這個不同，而且有另一個不同：前者所代表的論證都正確，後者代表的則不正確。想必這有什麼重要的意義。」揚揚說。

　　「的確有重要的意義。」殷教授點頭說：「是什麼重要的意義呢?」

　　小葳想了一陣後，高興的說：「是不是論證的正確性和論證的形式有關?」

　　「嗯!」丘崎教授和殷教授都點頭了。

　　「這麼說來，」揚揚搶著說：「凡是具有正確的論證形式的論證都是正確的；凡是不具有正確的論證形式的論證都是不正確的。對嗎?」

　　「可以這樣說。也許把後一句說成『凡是不具有「任何」正確的論證形式的論證是不正確的』更好。」丘崎教授更嚴格的說。

　　半天岩寺廟前的小吃，很有鄉間味。小葳問兩位教授敢不敢在小吃店門口的座位上用餐。丘崎教授像小學生一樣搶著說：「Perfect，絕對可以。」還對著小吃店老闆娘問：「有沒有原住民的小米酒啊?」

　　老闆娘驚喜的回答：「喔，阿斗仔也知道小米酒喔!」

　　大家都笑了。

·第五回·

如言論證

農民黨一號芒果

臺灣嘉南一帶的芒果，聞名世界。尤其是仁義潭旁，農民黨一號的芒果，美味無邊。今天小葳和揚揚特別帶丘崎教授和殷教授到果園，並且請果園主人提出一籃一號芒果宴請貴客。一行人邊品嚐芒果邊喝茶，好自在。

「我從未吃過那麼好吃的芒果，比在加州吃到的還要美味。聽說這是園主親自改良的，藝能獨步天下啊！」丘崎教授不停的誇獎。

「哪裡哪裡。大家不嫌棄，多多捧場啦！」園主謙虛的說。

殷教授對著園主說：「這位從美國來的丘崎教授是邏輯專家，所以等一下我們要在這裡聊一聊邏輯，也歡迎主人參加這個烏龍邏輯閒聊。」

「好啊！聽起來好像很有趣。」園主興致勃勃的點點頭。

「邏輯課本有兩種講解演繹邏輯的方式。一種是以相當系統的方式，提出和展開證明和檢驗論證正確或不正確的方法，例如劉福增寫的《基本邏輯》。一種是直接各別提出，在直覺上容易了解和把握的常用的正確論證形式或方法，讓人熟悉應用；以及常被誤用的不正確的論證形式或方法，讓人警覺，避免使用。今天我們的烏龍邏輯對話，將採後一方式。這樣果園主人也能一起參與討論。」殷教授說。

「有機會聽專家講邏輯，還用我聽得懂的方式，這個機會我一定要好好把握才行！」園主便一屁股坐在一旁，開始

聆聽似懂非懂的烏龍邏輯對話。

肯定前件論法

殷教授接著說：「我們將稱一個不含任何其他語句當成分的語句為簡單 (simple) 語句。例如『玉山高三千九百五十二公尺』、『所有鯨是哺乳動物』和『戰爭是罪惡的』都是簡單語句。一個複合 (compound) 語句是含有另一語句當成分的語句。『玉山高三千九百五十二公尺而阿里山在嘉義』、『臺大隊得第一或是 UCLA 隊得第三』和『如果石油飆漲，則騎腳踏車的人會暴增』，都是複合語句。『玉山高三千九百五十二公尺』和『阿里山在嘉義』，『臺大隊得第一』和『UCLA 隊得第三』，『石油飆漲』和『騎腳踏車的人會暴增』等，分別是這三個複合語句的成分語句。

設 p, q 為任意語句。那麼，具有

如果 p，則（就）q。

這個邏輯形式的語句，叫做如言 (conditional)。『如言』的『如』是『如果』的『如』。緊跟『如果』後面的語句，是如言的前件 (antecedent)。緊跟『則』或『就』，或包含『就』的語句，是後件 (consequent)。這裡的『前』『後』不是指語句所在位置的時空前後，而是指邏輯的條件——前者是後者的成立條件。

有若干常見的含有如言的正確論式（論證形式）或論法（論證法則）。最常見的是肯定前件論法 (modus ponens)：

⑴如果 p，則 q

⑵ p

⑶所以，q

這個論法是說，以一個如言及其前件當前提，後件當結論的論證，是有效的或正確的。用推理或推論的概念來說，從一個如言及其前件，我們可以有效的或正確的推得後件。如果一個論證具有這個論證的形式，並且前提都真，則結論必定真，即不可能為假。這個論法，西方邏輯傳統上，叫做肯定前件論法 (modus ponens)。可以舉個這種論證形式的例子嗎？」

小葳搶著說：「當然可以，例如，

（例 1）

⑴如果農民黨一號芒果獲得特優獎，則仁義潭邊要演布袋戲。

⑵農民黨一號芒果獲得特優獎。

⑶所以，仁義潭邊要演布袋戲。」

園主聽到這個例子，笑著說：「原來邏輯這麼好玩！布袋戲當然要演。」

「有趣的例子。」丘崎教授也笑著說：「但什麼是布袋戲？雖然這個問題和邏輯無關。」

小葳搶著說：「揚揚從前是布袋戲迷，瘋狂的程度，簡直是廢寢忘食喔！」

「其實我也是。」園主飄飄然說：「沒想到農民黨一號也

會上大邏輯家的版面。剛好明天廟口有一場布袋戲，我帶丘崎教授去看布袋戲，請他瞧瞧臺灣獨特的文化。」

「我也去。」殷教授看園主忘了他，主動說：「我也要親眼看看布袋戲。」

「好！好！」園主開懷笑著說。

「對了。」殷教授接過來說：「別忘了邏輯。要注意的，當我們斷說一個如言『如果 p，則 q』時，並沒有各別斷說前件 p 和後件 q 是真是假，所斷說的只是前件 p 和後件 q 的真假之間的一定關係。這個關係是，當如言『如果 p，則 q』為真時，不會有 p 真而 q 假的情形。這樣，當我們斷說如言『如果 p，則 q』，又斷說 p 時，必定可斷說 q，因為當『如果 p，則 q』真和 p 也真時，q 必定為真。這樣，前面小葳舉的論證的前提『如果農民黨一號芒果獲得特優獎，則仁義潭邊要演布袋戲』和『農民黨一號芒果獲得特優獎』都真時，結論『仁義潭邊要演布袋戲』必定為真。所以，這個論證正確。」

「邏輯如果來如果去，雖然花腦筋，但比種芒果靈活多了。」園主謙虛的說。

「哪裡，哪裡。」揚揚和小葳同聲說。大家也笑了起來。

對肯定前件論法似乎還有疑問的揚揚，問說：「下面這個論證顯然具有正確的肯定前件論證的形式：

（例 2）

　　⑴如果糖是甜的，則 2+3=7。

　　⑵糖是甜的。

(3)所以，2+3＝7。

但有幾點，我希望弄得更清楚的：

　　(i)前提(1)顯然是假的。但是一個假前提怎麼有保證
　　　力呢？

　　(ii)結論(3)顯然是假的，既然是假的，當然可能為假。
結論可能為假，論證怎麼會正確呢？」

　　剛喝了茶的丘崎教授，接過來說：「這是邏輯初學者容
易感到疑惑的地方。我們講過的，在一個論證裡論證者提出
三個意圖：(i)前提為真，(ii)如果前提為真則結論不可能為
假，和(iii)結論為真。在（演繹）邏輯上，論證正確性或有效
性的論究，是就『如果前提為真則結論必定為真』這個意圖
而言，沒有論及其他兩個意圖。如果也要論及前提是為真的
意圖，許多邏輯教本把具有真前提的有效或正確的論證，叫
做健全的 (sound)；不具有真前提的，叫做不健全的（不論
是否正確）。

　　當我們論究論證是否有效、是否正確，或前提是否保證
結論時，是只就『如果前提為真時，結論是否不可能為假』
的論究而言，因此不要也不必追問，甚至也不必知道前提或
結論實際的真假。

　　利用數學上的簡單例子，容易弄清楚這些。試看下例：

（例3）

　　(1) $a > b$

　　(2) $b > c$

　　(3)所以，$a > c$

這個論證是可以寫成標準的邏輯論證形式的，但會很長，而且和這裡要說明的無關。學過數學的人，都知道這是一個正確的論證。我們要講的是，沒有人知道這個論證的前提和結論實際上是真是假。但大家都知道，如果 $a > b$ 和 $b > c$ 都真，則 $a > c$ 不可能為假。」

「哈！哈！原來邏輯不算很難。」園主一邊說，一邊又轉身端出芒果。

「對了。我想添加一句話。肯定前件論法不但最常見，也可以說是邏輯上最有力的基本論法。」殷教授趕緊補充。

否定後件論法

「天下第一美味！」揚揚不停品嚐，碰巧天邊傳來一聲響雷，於是揚揚便順口說：「雖然山邊打雷，但天不會下雨。因為，如果天會下雨，則我的鼻子會怪怪的，但我的鼻子不會怪怪的。」

「真巧，揚揚說了一個我們正要講的論法。」殷教授接著說：「在一個語句的適當地方加進一個否定詞『不』、『非』等，所得語句的真假如果剛好和原來的相反，則叫做原語句的否言 (negation)。例如，『白河不產蓮子』是『白河產蓮子』的否言。我們要講的否定後件論法 (modus tollens) 是：

　　⑴如果 p，則 q
　　⑵非 q
　　⑶所以，非 p

這個論法是說，以一個如言及其後件的否言當前提，前件的否言當結論的論證，是正確的。或是說，從一個如言及其後件的否言，可以正確的推得前件的否言。揚揚，這裡有筆和紙，請你舉一個具有這個論法格式的實例。」

「好。」揚揚立即寫出：

（例4）

　　(1)如果天會下雨，則我的鼻子會怪怪的。

　　(2)我的鼻子不會怪怪的。

　　(3)所以，天不會下雨。

「我也要舉個例子。」小葳等不及，搶過揚揚的紙筆，立即寫出：

（例5）

　　(1)如果歷史是一門科學，則它包含一般法則。

　　(2)歷史不包含一般法則。

　　(3)所以，歷史不是科學。

寫完之後，小葳繼續說：「如果(2)真，則(1)的後件假。如果(1)真，(1)的後件假，則(1)的前件為假，即歷史是一門科學為假。這樣，結論歷史不是科學必為真。所以，這個論證正確。」

「有道理，很有趣。我看芒果收成後，我也到大學旁聽邏輯好了。」園主興致勃勃說。

「歡迎，歡迎。」殷教授緊接著轉為一臉嚴肅的說：「相信大家對這兩個論法都很清楚了，但是還要小心，因為我們

常犯一些和這兩個論證很像的錯誤，所謂的謬誤 (fallacy)。有兩個在形態上和剛才所說的論法有關的謬誤。一個是肯定後件的謬誤：

　　× 　(1)如果 p，則 q

　　　　(2) q

　　　　(3)所以，p

左邊打「×」，表示這種論式是錯誤的。請揚揚舉例說明。」

　　「好。」揚揚很快寫出下例：

　　　　(1)如果天下雨，則路濕。

　　　　(2)路濕。

　　　　(3)所以，天下雨。

並且說：「這個論證不正確。因為前提真時，結論可能為假。路濕可能是由於灑水車灑水，自來水管壞了，而不是下雨。」

　　殷教授接著說：「另一個謬誤是否定前件的謬誤：

　　× 　(1)如果 p，則 q

　　　　(2)非 p

　　　　(3)所以，非 q

下面的例子顯然有錯：

　　　　(1)如果天下雨，則路濕。

　　　　(2)天沒下雨。

　　　　(3)所以，路不濕。」

「哈！哈！我常常犯這些錯誤、謬誤。該學邏輯，該學邏輯。」園主坦然的笑了起來。

「一號芒果立大功了！」小葳打趣說。

如言三段論法，大小姐出嫁

原本大家坐在院子裡品嚐美味的芒果，但是濃郁的果香一陣又一陣的飄過來，讓人坐立難安。於是園主主動邀請大家到園裡親摘芒果，享受採果的樂趣。

「樂以忘憂，但樂不可以忘邏輯。」殷教授提醒了，說：「前提含如言，和肯定前件論法齊名的，是如言三段論法(conditional syllogism)。『三段論』一詞是邏輯的創建者亞里斯多德，首次用來講某一類含有兩個前提，和一個結論的論證的。後來的邏輯家，常借用過來，稱指含有兩個前提和一個結論的論證。如言三段論法的格式是：

⑴如果 p，則 q
⑵如果 q，則 r
⑶所以，如果 p，則 r

這個論法是說，以兩個如言當前提，其中第一個如言的後件是第二個如言的前件，而以一個以第一個如言的前件當前件，第二個如言的後件當後件的如言當結論的論證，是正確的。」

「那麼多如果，有點讓人摸不著頭緒。」小葳插嘴說。

「最好舉一個實例看看。」殷教授說。

「我可以獻醜一下嗎?」園主自告奮勇說。

「歡迎! 請! 請!」大家同聲說。

於是園主說:「

(例 6)

　　(1)如果風和日麗，則一號芒果豐收。

　　(2)如果一號芒果豐收，則我家大小姐將出嫁。

　　(3)所以，如果風和日麗，則我家大小姐將出嫁。」

大家都拍手叫好，害得園主有點不好意思。小葳接過來說:「就拿這個實例來說明吧。我忘了不知在哪裡看過所謂逆推法。從一向或順向不易說清楚的東西，從另向或逆向往往容易。現在假定這個論證的結論為假，看看前提可不可以為真。如果可以為真，則論證不正確。如果不可以，則論證正確; 因為這時不會有前提真結論假的情形。

好。假定結論為假。那麼，結論的前件為真後件為假，即風和日麗，但園主家大小姐沒有出嫁。如果風和日麗，則第一個前提要真的話，後件必須為真，即一號芒果豐收。現在，一號芒果豐收，則第二個前提要為真的話，其後件一定要真，即園主的大小姐將出嫁。但結論為假的假定下，園主的大小姐沒有出嫁。因此，第二前提不可以為真。這樣，就沒有結論假，前提真的情形。所以論證正確。」

「原來邏輯推理和思考，要真真假假轉來轉去。」園主的腦袋瓜也跟著轉來轉去。

丘崎教授說:「這些日子風和日麗，芒果也豐收。」

園主趕忙說:「託大家的福，我家大小姐去年嫁出去

了！」

　　「恭喜，早生貴子！」大家都笑了。

簡化論法和連言論法

　　「在這裡，順便提兩個簡單的論法。」殷教授說：「兩個語句由語句連詞『而』、『和』、『也』等連結而形成的複合語句，叫做連言 (conjunction)；被連結的兩個成分語句，是這個連言的連項　 (conjuncts)。 這裡有下面的簡化 (simplification) 論法：

(i)

　　(1) p 而且 q
　　(2)所以，p

(ii)

　　(1) p 而且 q
　　(2)所以，q

這個論法是說，以一個連言為前提，任一連項為結論的論證是正確的。」

　　「這明顯是正確的，因為一個連言為真時，每個連項也必定為真。」小葳搶著說：「以『小葳的小花貓活潑調皮而揚揚的小虎貓好吃愛睏』為前提，『小葳的小花貓活潑調皮』或『揚揚的小虎貓好吃愛睏』為結論的論證，顯然正確。」

　　「你們家真的有這些貓嗎?」園主好奇的問。

　　大家都笑了。

「另一個簡單的論法是連言論法 (conjunction)。」殷教授說：「

⑴ p

⑵ q

⑶所以，p 而且 q

這個論法是說，以兩個語句為前提，以它們當連項的連言為結論的論證，是正確的。這很顯然，似乎不必多說。」

揚揚一本正經問道：「這兩個論法既是明顯為正確，何必當論法明白列舉出來呢?」

「是啊!」殷教授遲疑一下說：「丘崎教授有請。」

「這是一個很有意思的問題。」丘崎教授說：「從直覺的方向講邏輯，顯然正確論法可以不必明文列舉出來，直接使用就可以。但是要以比較嚴格完整的系統方式來展開邏輯時，如果不把這些論法明文列舉，會產生邏輯的『空隙』。不要小看一些『其貌不揚』的論法。正如同所有複雜的數學運算，都是由『素樸的』加減乘除四則小運算組合而成的。」

「學問的道理不過如此。」園主不自禁的說。

一行人打擾多時，正準備離開果園時，果園的女主人和工人出現，還搬來一箱芒果，說：「大家相逢就是有緣，這箱芒果請大家吃，等一下我就叫阿丁送去山莊。」大家都喜出望外，帶著愉快的心情回山莊。

·第六回·

選言論法

雞肉飯或是鱔魚麵

嘉義市的小吃，全臺灣聞名，尤其以雞肉飯和鱔魚麵最為人所稱道。雖然丘崎教授是個外國人，對臺灣的小吃卻是十分著迷。趁著天氣舒爽，一行人到市區逛逛。接近中午時分，肚子也開始餓了。小葳於是問道：「等一下我們找間小吃店坐一坐，讓丘崎教授嚐嚐嘉義的美食。不知教授要叫雞肉飯或是鱔魚麵？」

「還不是十分餓，在用餐之前，先來講剛剛用到的語句連詞『或是』。」殷教授不改書生本色，先顧學問再顧肚子，說：「我們之前提過兩個語句由『或是』、『不是……就是……』或『要嘛……要嘛……』這些語句連詞連結形成的複合語句，叫做選言 (disjunction)；被連結的，叫做選項 (disjunct)。例如，在選言『p 或是 q』或『邏輯是必修科目或是哲學是選修科目』中，『p』、『q』、『邏輯是必修科目』和『哲學是選修科目』是選項。一個選言為真，則至少有一個選項為真。」

選言三段論法

殷教授接著講：「關於選言，有一個和如言三段論法齊名的選言三段論法 (disjunctive syllogism)：

（i）

  ⑴ p 或是 q

  ⑵非 p

  ⑶所以，q

（ii）

  ⑴ p 或是 q

  ⑵非 q

  ⑶所以，p

這個論法是說，以一個選言及其任一選項的否言為前提，以另一選項為結論的論證是正確的。」

「我來舉個例子。」揚揚說：「

（例 1）

  ⑴送老二到日本學相撲或是送老三到奧地利學音樂。

  ⑵沒送老二到日本學相撲。

  ⑶所以，送老三到奧地利學音樂。

現在如果兩個前提都真，則沒送老二到日本學相撲。這樣，第一個前提的第一個選項為假。於是，第二個選項送老三到奧地利學音樂一定為真，因此結論一定真。」

可兼容的和不可兼容的

  小葳迫不及待問：「下面的論證正確嗎？

㈎

(?) (1) p 或是 q

(2) p

(3)所以，非 q

看似不正確的。因為，前提真時，結論未必真。因為如果前提(2)，即 p 真，以及前提(1)真，而其一選項 p 真時，另一選項 q 可真可假。因此，結論非 q 未必真。

但下面是一個與上面論法㈎形式相同的論證：

㈏

(1)老二是二十歲或是老三是三十歲。

(2)老二是二十歲。

(3)所以，老三不是三十歲。

這個論證正確嗎？應該是正確的。因為如果前提為真，則前提(2)為真，即老二是二十歲，也就是前提(1)的第一選項為真。但(1)的兩個選項不能同真，因為老二不能比老三小，所以，前提真時，結論(3)必定為真。這到底是怎麼回事呢？」

「一個好問題。」殷教授說。

「問題好像在連詞『或是』。」揚揚趕忙說。

「不錯。」殷教授說：「在選言『p 或是 (or) q』中，連詞不論是中文的『或是』，還是英文的『or』，在語意上都有兩個相關但不同的意義——可兼容的 (inclusive) 和不可兼容的 (exclusive)。在可兼容裡，『p 或是 q』的兩個選項 p 和 q 可以同時為真。在不可兼容裡，兩個選項 p 和 q 不可以同

真。不論中文或英文，都無法以文法或字詞的變形予以區分。要了解或解釋為哪一個意義，完全要靠說話時的情境來決定。不過，在行文中，為了做清楚的分辨，可兼容的，可說成『p 或是 q，或是 p 和 q 兩者』；不可兼容的，可說成『p 或是 q，但不是 p 和 q 兩者』。」

揚揚俏皮的問說：「小葳，妳認為『雞肉飯還是（或是）鱔魚麵?』是可兼容或不可兼容的選言?」

小葳不假思索說：「你這個大胃王一定是可兼容吧！我嘛，看情形而定囉！」

「有道理。」殷教授笑著說：「現在，如果把前面論法㈲的選言了解為是可兼容的話，是不正確的。如果做這種不正確的論證，叫做犯了肯定選項的謬誤。在做選言三段論法時，如果要明確表示是使用不可兼容的選言時，最好使用下面形式的論法：

㈮

(1)如果 p 或是 q
(2)但不是 p 和 q 兩者
(3) p
(4)所以，非 q。」

「懂了！這個論證就正確了。我們可否把它叫做強式選言論法?」揚揚和小葳同聲說。

「應該可以。」殷教授說。

添加論法和假仙

「嘉義的雞肉飯真美味，比麥當勞的漢堡好吃多了。」丘崎教授品嚐了雞肉飯後，讚不絕口。

「真的很好吃，真想再來一碗。」殷教授望著空碗笑道，一行人也跟著笑了起來。殷教授喝了一口貢丸湯之後，說：「現在，要講一個看似簡單，卻是在證明上很有用的添加論法 (addition)，如下：

(i)

　　(1) p

　　(2)所以，p 或是 q

(ii)

　　(1) q

　　(2)所以，p 或是 q

這個論法是說，以一個語句當前提，以它當選項的任何選言當結論的論證，是正確的。這個論法的正確性不難說明。」

小葳搶著說：「如果前提 p 為真，則拿以 p 當選項的任何選言當結論必定也真，因為一個選言只要有一個選項為真就必定為真。」

丘崎教授接著說：「有一點不要漏了。即，只要能保持如果前提真，則結論真的條件，在一個正確論證的結論裡，可以含有（或出現）不在前提裡的語句。例如，剛剛列舉的論法(i)裡，結論(2)就含有（或出現）不在前提(1) p 的 q。」

「原來是這樣，真有意思!」小葳豁然的說。

「慢點。」揚揚不急不忙的說:「如果阿蘭的男朋友阿土
向她求婚說，如果她嫁給他 (A)，則他會給她買一棟房子
(B_1)，或是一部新車 (B_2)，或是一件皮大衣 (B_3)，或是請她
一盤鱔魚麵 (B_4)。現在阿蘭嫁給阿土了。他很快請她一盤鱔
魚麵，但其他的承諾都遲遲沒有履行。阿蘭等得不耐煩，罵
阿土假仙，並向法院提告，請求履行其他承諾。小葳，如果
妳是阿蘭，妳會提告嗎? 為什麼? 也許，可把這裡出現的論
證寫成:

　　　⑴如果 A，則或是 B_1 或是 B_2 或是 B_3 或是 B_4
　　　⑵ A
　　　⑶ B_4
　　　⑷所以，……。」

「這也很有意思。就把這個問題當做練習吧!」段教授
接著說:「讓我們來討論兩個相關的謬誤。一個是添加連項
的謬誤:

　×　⑴ p
　　　⑵所以，p 而且 q

雖然選言的添加是正確的，但連言的添加不正確。例如，以
臺灣隊得第一當前提，臺灣隊得第一或是丹麥隊得第三當
結論的論證，是正確的;但是以臺灣隊得第一而且丹麥隊得
第三當結論的論證，就不正確了。

　　另一個是選言簡化的謬誤:

× 　(1) p 或是 q

　　(2)所以，p

雖然連言簡化是正確的，即以『p 而且 q』當前提，p 當結論的論證是正確的，但以『p 或是 q』當前提，p 當結論的論證則不正確。因為當『p 或是 q』為真時，只得知 p 和 q 之一為真，但哪一個為真，我們並不知道。」

雙否言論法與荔枝

經過一個水果攤，丘崎教授一直盯著荔枝看。善於察言觀色的小葳，隨即問道：「丘崎教授，您喜歡荔枝嗎？嘉南的荔枝是頂級的喔。」

丘崎教授用他初學的華語說：「我並不不喜歡。」

「那就是喜歡囉！」小葳下結論說。

「沒錯。」殷教授說：「那我們趁此機會來講雙否言 (double negation) 吧。給一個語句做兩次的否定，譬如做兩次『不』、『非』或『並不』等，所得語句的真假剛好和原語句相同的話，是原語句的雙否言。例如，『北回歸線不是不在嘉義水上』是『北回歸線在嘉義水上』的雙否言。

關於雙否言有下面兩個方向相反的正確論法：

(i)

　　(1) p

　　(2)所以，非非 p

(ii)

⑴非非 p

⑵所以，p

這個論法是說，以一個語句當前提，它的雙否言當結論的論證是正確的；或是反過來，以一個語句的雙否言當前提，該語句當結論的論證是正確的。例如，以『北回歸線在嘉義水上』當前提，『北回歸線不是不在嘉義水上』當結論的論證，是正確的。」

質位同換論法與老鷹和小野兔

從市區回到番路丘陵的山莊，正巧有幾隻老鷹在天空翱翔。丘崎教授觀望天空，若有所思的樣子。為免冷落了遠道而來的丘崎教授，小葳想了個話題，好吸引丘崎教授的注意力，於是她說道：「如果老鷹在天空翱翔，則小野兔靜悄悄的。」

這招果然奏效，丘崎教授好像被喚醒一般，開心的說：「妳是說，如果小野兔不靜悄悄的，則老鷹不在天空翱翔？我的家鄉洛杉磯山丘上，小野兔也經常和老鷹捉迷藏。」

「哈！哈！有意思。」殷教授笑著說：「現在也來說說老鷹和小野兔的邏輯吧！在邏輯，我們有下面著名的質位同換 (contraposition) 論法：

(i)

⑴如果 p，則 q

⑵所以，如果非 q，則非 p

(ii)

　　(1)如果非 p，則非 q

　　(2)所以，如果 q，則 p

這個論法是說，以一個如言（如果 p，則 q）當前提，以這個如言的前件的否定和後件的否定，互換前後件位置所得如言（如果非 q，則非 p）當結論的論證，是正確的。另一論法類推。就(i)來說，如果前提(1)為真，結論(2)不可能為假。因為如果(1)為真，則 p 真時 q 必定為真。因 q 必定真，(2)的前件非 q 為假，這樣(2)就不可能為假。這樣「質位」的「質」指肯定與否定，「位」指前件後件的位置。

　　現在舉(i)的實例如下：

　　(1)如果老鷹在天空翱翔，則小野兔靜悄悄。

　　(2)所以，如果小野兔不靜悄悄，則老鷹不在天空翱翔。」

　　「丘崎教授，你覺得這邊的景色跟洛杉磯的山丘，有相似的地方嗎?」小葳問。

　　丘崎教授笑著回答：「嗯，都很迷人。」

·第七回·
二難論法

日出的曙光，　日落的晚霞

　　這個被葡萄牙人稱為美麗之島的臺灣，是丘崎教授多年來一直想造訪的地方。這幾天的行程，丘崎教授早被阿里山山麓的風光景色深深吸引。揚揚引領著丘崎教授和殷教授瀏覽沿路景致，小葳則是邊散步邊介紹臺灣旅遊的著名景點。小葳說：「如果到臺灣東部海岸，可以看到太平洋日出的曙光。如果到西部海邊，可以看到臺灣海峽日落的晚霞。不論到東部，或西部，不是可以看到日出的曙光，就是可以看到日落的晚霞。」

　　「哈哈！小葳說的話，不但詩情畫意，而且邏輯嚴密。」丘崎教授讚美一番。

　　「小葳在這裡抒發一個很寫意的二難式情境。」殷教授說：「好吧，現在來談談二難論法 (dilemma) 吧。如同非常尊敬丘崎教授、著名的邏輯教本的作者柯比 (I. M. Copi) 教授說：『二難論法──日常語言裡一種常見的論證形式──是一種從早期，邏輯與修辭學更密切關連的時候，傳下來的東西。從嚴格的邏輯觀點來說，二難論法也許是最有力的說服工具。它是爭辯中一種破壞性的武器。』」

二難論法，　天旱與大雨

　　「二難論法是什麼東西呀?」小葳迫不及待的問。

　　殷教授點了一下頭，慢慢說：「在論辯上，二難論法是

一種奇妙、有力的方法，但在邏輯上，它不過是我們前面講過的如言論法和選言論法的巧妙組合而已。細分起來，有複合構成 (complex constructive)、複合破壞 (complex destructive)、簡單構成和簡單破壞四種形式。其中複合構成可以視為標準形，其他是變形。把握標準形，變形的就易如反掌了。先看標準形的複合構成二難論法：

　　⑴如果 *p* 則 *q*
　　⑵如果 *r* 則 *s*
　　⑶ *p* 或是 *r*
　　⑷所以，*q* 或是 *s*。」

　　「這個論法好像有點複雜。」小葳露出疑惑的表情。

　　「我不以為然，只要看到它的架構，我就明白它的意思了。」揚揚一派輕鬆的說：「妳看，它不是這樣嗎？以兩個如言（如果 *p* 則 *q*，和如果 *r* 則 *s*），以及它們的前件當選項的選言（*p* 或是 *r*）當前提，這兩個如言的後件當選項的選言當結論（*q* 或是 *s*）的論證，是正確的。

　　這個論證的正確，不難解說。依肯定前件論法，如果前提⑴及其前件 *p* 真，則後件 *q* 真；如果前提⑵及其前件 *r* 真，則後件 *s* 真。如果前提⑶真，則 *p* 或 *r* 真。所以，如果前提⑴、⑵和⑶都真，則結論⑷，即 *q* 或是 *s* 必真。」

　　「果然不難。」小葳趕忙說：「我來舉個例子：

（例 1）
　　⑴不是天旱，就是大雨。

(2)如果是天旱，則水庫枯涸。

(3)如果是大雨，則蔬菜腐爛。

(4)所以，不是水庫枯涸，就是蔬菜腐爛。

揚揚，你也來個例子吧，不要只會講理論。」

「很簡單。」揚揚說：「妳看：

（例2）

(1)如果到北海道東岸旅遊，妳可看到鄂霍次克海。

(2)如果到北海道西岸旅遊，妳可看到日本海。

(3)妳或是到北海道東岸或西岸旅遊。

(4)所以，妳不是可以看到鄂霍次克海，就是可看到日本海。」

「真會模仿耶。我一開始講過東岸西岸的。」小葳氣呼呼的說。

「我爸媽去年秋天到北海道旅遊。這是我聽講心得。」揚揚辯解說。

「我爸媽去年也去過呀！」小葳不甘示弱說：「不過，我有點疑問。不論是我前面講的例子，還是揚揚剛剛舉的，結論都是令人欣喜愉快的，為什麼這種論法叫做『二難』呢？有什麼『難』呢？」

丘崎教授說：「小葳的質疑很好。一般邏輯教本也忽略這點，沒有特別交代。這裡的『難』是左右為難、進退兩難的意思。古希臘的辯士在和他人辯論的時候，喜歡利用這個論法，編製讓對方這樣也不好、那樣也不好的，非接受不可

的『難堪』的結論。邏輯教本，就據此把這個論法，叫做『二難論法』。但就這個論法的形式本身而言，它是『中立』的，沒有所謂有利不利哪一方。利不利哪一方，完全看編製怎樣的『內容』而定。編個令人愉快的結論，這個論法，也可叫做『二喜論法』。」

「そうですか。」小葳又秀了句日語。

「好吧。」殷教授說：「讓我們看複合破壞二難論法：

　　(1)如果 p，則 q
　　(2)如果 r，則 s
　　(3)非 q 或是非 s
　　(4)所以，非 p 或是非 r。」

「這個論法的正確，也不難解說。」小葳搶著說：「依否定後件論法，如果前提(1)及其後件的否言非 q 真，則前件的否言非 p 真；如果前提(2)及其後件的否言非 s 真，則前件的否言非 r 真。如果前提(3)真，則非 q 或是非 s 真。因此非 p 或是非 r 真，即結論(4)真。這樣說可以吧。揚揚何不舉個好玩的例子。」

「這難不倒我。」揚揚舉例說：「

（例 3）
　　(1)如果阿土到巴西留學，則阿蘭將嫁給阿金。
　　(2)如果阿土到冰島留學，則阿蘭將嫁給阿木。
　　(3)阿蘭沒嫁給阿金或沒嫁給阿木。
　　(4)所以，阿土沒到巴西留學或是沒到冰島留學。」

「你的例子怎麼這樣令人鬱卒。」小葳不自禁說。

「這不是『二難論法』的『本質』嗎?」揚揚迅速回答。

「哈!哈!」丘崎教授和殷教授都笑了。

「好。」殷教授說:「讓我們看第三種二難論法,即簡單構成二難論法:

(1)如果 p,則 q

(2)如果 r,則 q

(3) p 或是 r

(4)所以, q 」

還沒待殷教授講完,小葳就說:「我看到了,這個論法是複合構成的一個特別情況。在複合法裡,兩個如言前提的後件 q 和 s 不一樣,這裡是一樣的 q。兩個不一樣的字母,除非有限制,不然可用相同的字母取代。(但反之,則不可。)在複合法裡,選言結論的兩個選項 q 和 s 不一樣,這裡是一樣的 q。」

「講得不錯。那我考考你們。在論辯上,利用簡單法,在修辭上有什麼好處呢?」殷教授問道。

想了一下,小葳回答說:「可讓對方陷入單一的狹巷裡。」

「我來舉個例子吧!」揚揚說:「

(例4)

(1)如果阿土到德國留學,阿蘭會憂傷。

(2)如果阿土到法國留學,阿蘭也會憂傷。

⑶不論阿土到德國還是法國留學，阿蘭都會憂傷。

⑷所以，阿蘭都會憂傷。」

「這個論證雖然正確，但難不倒我。」小葳輕鬆的說：「如果我是阿蘭，不論阿土到德國或法國，我緊緊跟他一起去，不就天下太平了嗎？」

「哈！哈！」丘崎教授和殷教授都笑了。

「有那麼好嗎？」揚揚小聲說。

「對了，要注意一下。」殷教授說：「在中文裡，『p 或是 q』可有好幾種不同的造句，譬如，『p 或者 q』、『不是 p，就是 q』、『要嘛 p，要嘛 q』、『不論是 p，或是 q』和『不論是 p，還是 q』等等。

好。讓我們看第四種二難論法，即簡單破壞二難論法：

⑴如果 p，則 q

⑵如果 p，則 r

⑶非 q 或是非 r

⑷所以，非 p

這個論證的辯解，並不難。請揚揚舉個例子吧。」

「我想到一個例子，就是：

（例 5）

⑴如果他畢業，他的數學會及格。

⑵如果他畢業，他的音樂也會及格。

⑶他的數學不及格或是音樂不及格。

⑷所以，他沒畢業。」

「他是誰呀?」小葳問。

「他是誰並不是重點，ok!」揚揚抬起槓來。

「好吧。」殷教授說：「除非有區分的必要，上面四種論法，通通可簡稱為二難論法。還有，二難論法的三個前提，可以視修辭的需要安放。」

破二難論法

走著走著，來到一處荔枝果園。懸掛在樹上的荔枝，十分誘人，真叫人垂涎三尺。農婦看到這種景況，順手摘幾把荔枝，親切的向大家說：「歡迎來鄉下玩，不要客氣，吃吃看，這個時候的荔枝很甜喔!」

大家高興的說聲：「謝謝。」邊走邊吃，很享受。

「對了。」還沒忘記邏輯的小葳說：「我常聽到有人說起『破二難論』。到底怎麼破呀?」

「荔枝還沒吃完，怎麼破!」揚揚邊吃邊忙著說。

「不要緊，還是可以談。」殷教授慢慢說：「通常所謂破或反駁一個論證，是指，一個人對你提出一個論證，要你接受他的結論時，你對他提出一個你可以不必接受他的結論的論證。簡單的說，提出一個對方的結論未必為真，未必可接受的論證。

一般說來，要顯示一個論證，尤其是演繹論證的結論未必為真，未必可接受，可以從兩方面去做。一個是顯示論證無效或不正確；另一個是顯示前提有某方面的不足。我們要知道的，一個前提為假或不充足的論證，不足保證結論為

真。一個不正確或無效的論證，即使前提為真，也不足保證
結論為真。

　　要注意的，一個符合二難論法形式的論證，是正確或有
效的。因此，我們要破一個二難論法，最好從它的前提有某
種不足去破。

　　二難論法的前提具有一些特別型態。西方邏輯傳統上，
針對這些型態，提出三種特別方法破它，假如它是可破的
話。」

　　丘崎教授吃完荔枝後，說：「換我來代勞吧！破二難論，
主要是要破對我方不利的結論。針對這些不利的結論，我方
可有幾種處理方式。(1)消除，即讓論證得不出結論；(2)削弱，
即不理原論證，而提出有利我方的結論，以削弱原論證的力
量；(3)直抗，即顯示原結論為假；(4)反打，即提出不利對方
的結論。這些處理可以選一去做，也可以同時去做。這些處
理，主要是實際問題，不是邏輯思考問題，這裡只點到為止。

　　再說，一個二難論的前提是由兩個如言和一個選言組
成的。這樣，對前提的挑剔可有三種方式。即對選言，對如
言，和對整組。在西方邏輯傳統上，分別叫做閃避牛角，抓
牛角，和以對反二難論反駁。」

　　「這裡的牛角做什麼用的？」小葳急著問。

　　「問得好。」丘崎教授說：「設想一下鬥牛場和面對牛攻
擊的鬥牛士的畫面，妳就比較清楚一些。『牛角』一詞，指
前提加諸我們，要穿刺我們的兩個（或更多）可能。好，首
先講：

1. 閃避牛角

　　我們以拒絕選言前提，來閃避牛角。這時常是避開二難論結論最容易的方法。因為除非選言的兩個選項是明顯相反的，這選言很可能是假的，或是不舉盡的，因此結論不是不可避免的。但閃避牛角並不證明結論為假，而只是顯示這論證沒有給接受結論提供適當的根據。這樣，我們就不是非接受結論不可了。先舉個二難論的例子。」

　　「我來吧，我最愛的。」揚揚舉例說：「

（例6）

　　⑴如果妳開快車，妳會闖紅燈。

　　⑵如果妳開慢車，妳會趕不上飛機。

　　⑶妳不是開快車，就開慢車。

　　⑷所以，妳不是會闖紅燈，就是會趕不上飛機。」

　　沒等講完，小葳就使用閃避牛角的工夫，反駁說：「笨蛋。我可以開得不快不慢。我不會闖紅燈，我會趕上飛機，到非洲做一次愉快的原始之旅。」

　　「反駁得真快。」丘崎教授接著說明：「提出可以開得不快不慢，就閃避了牛角，顯示結論沒有適當的根據。至於進一步說會趕上飛機，到非洲做愉快的旅行，那是額外提出的有利我方，用來刺激對方。這種作法雖然和原二難論的反駁沒有直接相關，但常常會一起做。」

　　一旁的殷教授躍躍欲試，說道：「記得古希臘哲學家蘇格拉底，他被人指控不敬神明和提出邪說敗壞青年的罪行，而被判死刑。在法庭替自己辯護時，他提出這樣一個二難論

證:

(例7)

　　⑴當我們死時，我們或是有一個不受干擾的睡眠，或
　　　是有與一些人相處的大快樂。
　　⑵如果我們有一個不受干擾的睡眠，這是一個獲益。
　　⑶如果我們與這些人相處，這是最大獲益。
　　⑷所以，死是一種獲益。

　　這個論證可從若干方面去批評，如果採用閃避牛角的
方式，可以怎麼做呢?」

　　不改本色的小葳搶著說:「有趣的論證，但蘇格拉底也
許太善良了。他忘了，第三個可能。有些壞蛋死後，會被打
入第十八層地獄，那裡一定是不好受的。」

　　「如果你是蘇格拉底的學生，他一定會很喜歡。他最喜
歡會抬槓的學生。」丘崎教授高興的讚美，接著說:「接下來，
來講抓牛角吧:

2.抓牛角

　　在選言前提難攻的場合，譬如選項舉盡可能時，就很難
閃避牛角。這時就必須另找避開結論的方法。一種方法是，
去拒絕任一如言前提。當我們要抓二難論的牛角時，我們要
顯示至少有一個如言前提為假。揚揚，又該你了。」

　　「沒問題，我來。」揚揚看著小葳說:「

(例8)

　　⑴如果妳不去看牙醫，妳的牙齒會繼續痛。

⑵如果妳去看牙醫，妳會受傷。

⑶妳不是去看牙醫，就是不去看。

⑷所以，妳不是會繼續痛，就是會受傷。」

「笨蛋。這種牛角太容易抓了。」小葳輕鬆愉快反駁說：「隨便抓就是一隻牛角。就前提⑴來說，如果我不去看牙醫，我的牙未必會繼續痛，因為我可以自己買藥吃呀。就⑵來說，如果我去看牙醫，也未必會受傷呀，上上次我去看，就毫髮無傷。」

「那妳來舉個例子吧。看看笨不笨。」揚揚非常不服氣。

「我嗎？想一想，不要小看女生。」小葳不急不忙說：「有了。請看下例：

（例 9）

⑴如果我們前進，我們要被機關槍射殺。

⑵如果我們後退，我們要淹死在河川。

⑶我們前進或後退。

⑷所以，我們不是被機關槍射殺，就是要淹死在河
　　川。」

「妳當過兵嗎？紙上談兵。」揚揚先這樣質問。

「與當不當兵不相干。邏輯上，你要怎麼辦？」小葳有點得意的樣子。

「我不前進，也不後退，守在原地。」揚揚好像也很有自信的說。

「守在原地，你會困死。」小葳馬上來個回馬槍。

「這是妳原論證沒有說的。好，有了，我要抓牛角了。如果我們前進，未必會被機關槍射殺，因為敵人會被我們英勇的行為嚇倒、解體而逃跑。反過來，如果我們後退，也未必會淹死，因為有橡皮艇可用，趁著夜晚渡過河川。」揚揚邊說邊喝茶。

「你的邏輯有點進步。」小葳誇了一句。

小葳和揚揚還在激盪之中，丘崎教授笑著說：「抓了牛角，現在要講：

3.以對反二難論反駁

除了上面閃避牛角和抓牛角，在爭辯中，為了在修辭上和邏輯上壓倒對方，常用『以子之矛，攻子之盾』的方式，構作一個相反的二難論來反駁對方的二難論。所謂以子之矛攻子之盾，是指依據對方相同的理由來導出相反的結論。這種方法，雖然常被使用，但要完成並不容易。利用一個古希臘著名的例子來說。

一個雅典的母親，為了說服兒子不要從政，提出論證：

（例10）

　　⑴如果你做得公正，人們會憎恨你。

　　⑵如果你做得不公正，上帝會憎恨你。

　　⑶你不是做得公正，就是做得不公正。

　　⑷所以，不是人們會憎恨你，就是上帝會憎恨你。」

「這位媽媽真棒。如果我媽媽這麼棒，我爸爸大概每晚都睡不好。」小葳邊說邊在想。突然，她說：「有辦法了，我

爸可以睡得好了。兒子可以這樣來反駁這個二難論：

（例 11）

   ⑴如果我做得公正，上帝會喜歡我。

   ⑵如果我做得不公正，人們會喜歡我。

   ⑶我不是做得公正，就是做得不公正。

   ⑷所以，不是上帝會喜歡我，就是人們會喜歡我。」

還沒講完，揚揚急著說：「詭辯！」

丘崎教授和殷教授都笑了。殷教授接著說：「在公開的辯論裡，這種以從幾乎和對方相同的前提，導出相反的結論，用來反駁對方的二難論，在修辭技巧上是很傑出的。尤其像前面這個例子，內容上又有反諷的意含，難怪成為經典的例子。但是如果仔細檢查二難論和反駁的對反二難論，我們看到它們的結論不是像乍看起來那樣。

原二難論（例 10）的結論是，人們或上帝會憎恨那兒子；而反駁的二難論（例 11）的結論是，上帝或人們會喜歡那兒子。但這兩個結論是完全相容的。因為依原論證，結論可會是人們憎恨那兒子，而依反駁的論證，結論可會是上帝喜歡那兒子。這兩個結論是可相容的。這樣，反駁的二難論僅僅是用來建立一個和原二難論不同的結論。前後兩個結論很可以同時為真，因此，沒有完成反駁。但是在爭論的火熱中，分析是不受歡迎的，而如果這種反駁在公開辯論中出現，普通聽眾會壓倒性的同意，這個反駁推翻了原論證。」

「對對。」揚揚搶著說：「例如，假定我們對前面例 9 的二難論提出下面的反駁二難論：

（例 12）

　　⑴如果我們前進，我們不會淹死在河川。

　　⑵如果我們後退，我們不會被機關槍射殺。

　　⑶我們前進或是後退。

　　⑷所以，我們不會淹死在河川或不會被機關槍射殺。

　　依原論證，可能得到被機關槍射殺的結論；依反駁的論證，可能得到不會被淹死的結論。這兩個結論可以同真。因此，這種反駁並沒有拒絕原論證。」

　　「說得很好。」殷教授說：「在邏輯上，的確沒有拒絕，但在實際場合，卻會讓聽眾分心注意相同情境的不同層面，因而削弱原論證在修辭上、心理上的力量。」

　　「有道理。」小葳說：「但這不就是各說各話，見仁見智了嗎?」

師 生 對 簿 公 堂

　　丘崎教授慢慢說：「未必。一個古典的例子，可告訴我們。西元五世紀以前，有一個希臘年輕人尤阿斯 (Euathlus) 想當律師，去就教名師普洛塔 (Protagoras)。因為他沒錢付學費，所以和老師約定，學習完畢，贏得第一次官司之後才付學費。但是後來尤阿斯遲遲沒有執業。於是，普洛塔訴請法院，要求尤阿斯付學費。在法庭上，老師普洛塔提出一個凌厲的二難論說：

（例13）

　　⑴如果尤阿斯敗訴，依法庭判決他得付我學費。

　　⑵如果他勝訴，依約定他得付我。

　　⑶他不是敗訴，就是勝訴。

　　⑷所以，尤阿斯得付我學費。

情況好像對尤阿斯不利，但他學會論辯的修辭和技巧。他向法庭提出下面這樣的對反二難論：

（例14）

　　⑴如果我勝訴，依法庭判決我不需付學費給普洛塔。

　　⑵如果我敗訴，依約定我還未贏得我的第一次官司，
　　　我不需付給普洛塔。

　　⑶我不是勝訴，就是敗訴。

　　⑷所以，我不需付學費給普洛塔。

如果，你是法官，你會怎樣決定？」

　　「這個問題一點都不會麻煩。我會打工賺錢，不會欠學費。」小葳理直氣壯說。

　　「離題了，這是邏輯問題，不是實際問題。」揚揚回應說。

　　「師生對簿公堂，似乎不是華人的傳統所樂見的。」丘崎教授笑著說：「我們這裡是邏輯問題。」

　　「在邏輯上，這兩個二難論的結論是針鋒相對的。」揚揚很有心得的說：「也就是，它們是不相容的。一個結論是另一結論明白的否言。因此，這兩個二難論，至少有一個有

瑕疵，它們的選言選項是舉盡的，因此，瑕疵要在如言前提去找。我們發現，老師普洛塔論證的第二個如言前提，即如果學生尤阿斯勝訴，依約定他得付學費，有問題。因為，在『這次』的訴訟中，尤阿斯是否勝訴，是這次的訴訟中正在爭論的問題，其結果不能當這次訴訟的根據，只能當『以後』訴訟的根據。因此，即使尤阿斯這次勝訴，不能當這次訴訟判他必須付學費的根據。當然，如果尤阿斯這次勝訴，他的老師普洛塔可以根據這個結果，另提請求他付學費訴訟的根據。」

殷教授點點頭說：「這個分析很精到。」

「二難論真是高潮迭起。我們班上就有許多同學說，雖然學過邏輯，但現在好像只記得二難論法而已呢！」小葳說。

「妳也是這樣嗎？」揚揚疑惑的問。

「哪有，我還記得三段論法，還有什麼套套言 (tautology) 的。」小葳說。

「什麼是套套言？」揚揚問。

「我們很快會講到的。」殷教授說。

「我可是未卜先知呢！」小葳小小得意。

美麗的夕陽灑落在山丘上，映照著四人的身影，斜斜長長的影子，伴隨小葳和揚揚的拌嘴聲，一同走進祥和悠閒的夜晚。

·第八回·
一致, 矛盾, 與涵蘊

白河的蓮花

趁著白河的蓮花節，一行人到園遊會去遊玩，並品嚐蓮花大餐。大家坐在一個小攤前，各自點了餐。

閒談中，丘崎教授對著揚揚和小葳問：「你們將來有什麼計劃呀?」

揚揚說：「我想到印度學冥想。」

小葳禁不住偷笑，說：「什麼冥，什麼想? 我看你沒兩下就開始打瞌睡吧! 我呢，我想到日本學柔道，到英國學文學。」

揚揚不禁說：「真矛盾!」

小葳說：「什麼矛盾不矛盾，我可兼容並包，一致得很呢!」

聽了揚揚和小葳的對話，殷教授說：「對了，像一致 (consistency)、矛盾 (contradiction)、涵蘊 (implication) 和套套言等邏輯基本觀念，我們也可以來聊一聊。」

「對對，我始終一知半解。」小葳眼睛都亮了起來。

「那，丘崎教授有請了。」殷教授轉頭，對著正低頭吃蓮子湯的丘崎教授如是說。

套套言與可能世界

「好吃的蓮子湯，不是沒有代價的。」丘崎教授抬起頭來，笑著說：「請看下面三句話：

（例 1）
  ⑴地球是圓的。
  ⑵地球是圓的或不是圓的。
  ⑶地球是圓的又不是圓的。

這三句話，哪一句可能為真，可能為假?」

  小葳接著說：「⑴當然可能為真，因為它現在就實際為真。在宇宙大爆炸以前，沒有地球。那時候以前，⑴無所謂真假。有了地球以後，地表和大海，經過億萬年，經歷很大的變動，因此在某個時期，地球可能不是圓的，或不是正圓的。」

  「很好的分析。請問，我們能不能很明確地說，地球在某一時候不是圓的?」丘崎教授繼續問。

  「我看迄今人類沒有這種知識。」小葳似乎很有自信的回答。

  「真的沒有這種知識嗎?」丘崎教授再問。

  揚揚和小葳遲疑一下。突然，揚揚說：「有了。學過邏輯，就要會邏輯思考。邏輯思考的特色是，不要被現況或硬繃繃的實際世界拘束，要往想像或可能世界 (possible world) 去想。當地球不是圓時，『地球是圓的』不就是假話了嗎?」

  小葳哈哈大笑後，禁不住說：「廢話!」

  「不是廢話。揚揚說了一句很真的話。地球有不是圓的可能嗎?」丘崎教授問。

  「當然有，在某一可能世界裡，地球不是圓的。」小葳直截了當說。

「好。請看(2)和(3)兩句。」丘崎教授說。

「哈！哈！」小葳搶著說：「這兩句真的是廢話了。因為(2)『地球是圓的或不是圓的』不用說是真的；(3)『地球是圓的又不是圓的』當然是假的。」

丘崎教授追問：「妳所謂『不用說』和『當然』，是什麼意思？」接著又說：「我們平常所謂不用說和當然，常常只就現況和這硬繃繃的實際世界來講的。現況是這樣，但在可能世界未必是這樣。」

思考一陣子以後，小葳說：「通了，通了。我剛才所謂不用說和當然，應該是指，在所有可能世界裡，(2)都真；也就是沒有一個世界會使(2)為假。反之，在所有可能世界裡，(3)都假；也就是沒有一個世界會使(3)為真。」

「很好，講得很好。很有邏輯哲學的味道。」丘崎教授讚不絕口，並且繼續說：「在邏輯上，把一個像(1)這樣，在有些（可能）世界為真，有些世界為假的語句，叫做適真言(contingency)；在所有世界為真的語句，叫做套套言(tautology)；在所有世界為假的語句，叫做矛盾言(contradiction)。在我們實際使用並且有真假可言的語句裡，適真言最多；套套言和矛盾言是兩個極端的情況，較少碰到。這三個概念很基本、很重要，尤其很多邏輯概念還需要或最好要用它來定義或說明。」

「為什麼拿『套套言』作為 "tautology" 的翻譯呢？」揚揚問。

殷教授說：「在邏輯上所定義的套套言，是維根斯坦在二十世紀初提出來的。現在已經成為邏輯的公產。」

「什麼叫做邏輯的公產?」小葳插話問道。

「一個觀念或理論，如果已經成為該門學問通用的，我們可把它當做該學問做公共財產使用。妳在使用的時候，不必報告是誰發明、創造或提出的，沒有人會說妳是剽竊的。」殷教授說。

「そうですか。」小葳又秀日語。

殷教授接著說:「英文 "tautology" 原來的意義是: 同義語反覆，贅述，冗辭。維根斯坦把它借過來當做邏輯的術語，是一種規約使用。除了日常意義外，這一個詞在英文至少還有三個相關但不同的意義: 邏輯上廣狹兩種意義的 "tautology"，和日常上不用說是真，當然是真，或平凡的真的講話。由於在中文，我們無法找到一個可以適當的、有歧義的表示上述四種意義的『純意譯』，因此用音譯和意譯合成的『套套言』來翻譯它。在邏輯上，有人用重言（式）、恆真句（式）或套套邏輯來翻譯。這三個譯法都不適當。重言是依它的日常意義來翻譯，但在邏輯裡，一個套套言不必然是同義語反覆。恆真句相當於廣義的套套言，但今天的數理邏輯裡，套套言主要用在狹義的。"tautology" 裡的 "logy" 和邏輯無關，因此不宜譯為套套邏輯。」

「另外，」丘崎教授接下來說:「日常談話裡，我們經常使用『可能』、『可能性』和『可能情形』等詞，並視之為同義語。但是『可能世界』一詞的意義可就不同凡響了。可能世界這個觀念或哲學，是當代形上學和邏輯哲學的重要課題。在哲學思想史上，第一個講出明顯而有深刻哲學意義的人，是十七、八世紀偉大德國哲學家萊布尼茲 (Leibnitz,

1646–1716)。他說，上帝可以創造無限多個可能世界，但祂實際創造的這個世界，是祂能創造的所有可能世界中最好的一個。」

「為什麼這個實際世界是最好的一個呢?」小葳問道。

「很好的問題。」丘崎教授說。

「可不可以這樣來講，」揚揚嘗試說:「地球上雖然有許多令人不舒服的事，但地球不過是這實際浩瀚大宇宙中，一個微不足道的小點而已。想像大宇宙中，幾乎無限的質料和能量，以及數不盡的星球的複雜而和諧的運轉，是多麼神奇美妙呀! 連上帝自己可能都意想不到自己有這麼美妙的傑作。因此上帝恐怕有別的事，不再想搞世界創造的事了。」

「詭辯。算你很會蓋!」小葳有點不服的說。

「哈! 哈! 是很有想像的講法。」丘崎教授接續說:「維根斯坦曾說:『邏輯處理每個可能，而所有可能都是它的事實。』又說:『有人說，除了和邏輯法則相反的，上帝能夠創造任何東西。』」

一致與矛盾，蓮子甜飯和鹹飯

看到公園的小吃攤，賣著蓮子甜飯與鹹飯，小葳於是問大家:「要吃甜的，還是鹹的?」

丘崎教授說:「一點甜的，一點鹹的。這樣 ok 嗎?」

「沒問題。我以前也這樣吃過。」小葳說。

「但我上次吃完，覺得胃怪怪的。」揚揚插話說。

「你們的問題讓我聯想到邏輯的相容不相容問題。」殷

教授接著說：「兩個語句的真假之間，在邏輯上存在許多可能關係。譬如，可同真，不可同真，可同假，不可同假，可一真一假，不可一真一假等等。我們最好要熟悉其中一些較重要的關係。

　　如果它們可以同真（同時為真），我們稱兩個語句為彼此一致 (consistent)；反之，如果它們不可以同真（但可能同假），它們彼此不一致 (inconsisent)。要注意的，這裡所謂可以同真，是指有同真的可能性，不必實際上已經同真；所謂不可以同真，是指沒有同真的可能性，不必實際上已經不同真。例如，試看下例：

（例 2）

　　⑴阿蘭獲得普林斯頓大學獎學金。

　　⑵阿蘭結婚了。」

　　「是不是丘崎教授推荐她的?」小葳急著問。

　　「這只是舉例而已。」殷教授說：「邏輯主要談可能，不談實際。語句⑴和⑵顯然可以同真，因此彼此一致。雖然實際上，阿蘭得到的是 UCLA 的獎學金，不是普林斯頓的。」

　　「阿蘭真的結婚了?」揚揚不安的問。

　　「這只是舉例而已。」殷教授說：「邏輯講的是可能。實際上，她是否已經結婚，我也不知道。再看下例吧。

（例 3）

　　⑴玉山高五千二百八十公尺。

　　⑵北極沒有冰山。

這兩句話有沒有同真的可能?」

「當然有。」小葳搶著說:「雖然實際上玉山高三千九百五十二公尺,但造山運動,有一天可能使玉山變成高五千二百八十公尺。地球暖化,有一天可能使北極的冰山完全溶解。所以,(1)和(2)是一致的。」

「很好。」殷教授說:「再看下例:

(例 4)

　　(1)阿華是阿佳的母親。

　　(2)阿佳比阿華大三歲。

語句(1)和(2)可以同真嗎?當然不可以,因為如果(1)真,即阿華是阿佳的母親,(2)必定為假,因為女兒不會比母親大三歲。」

「可是,」小葳很快說:「可能是身分證寫錯了,應是阿佳是阿華的母親。」

「笨蛋,即使阿佳是阿華的母親,她也不會僅僅大阿華三歲啊。所以說,(1)和(2)是不一致的。」揚揚說。

「兩句話的真假之間,有一個很特別的關係。」殷教授說:「即不能同真,也不能同假。上例的兩個語句雖不能同真,但可以同假,即兩句可能都假,即阿華不是阿佳的母親,而阿佳也不比阿華大三歲。再看下例:

(例 5)

　　(1)所有老鷹是肉食的。

　　(2)有些老鷹不是肉食的。

這兩個語句，不但不能同真，也不能同假。也就是一真，另一必假；一假，另一必真。這樣的兩個語句，在西方邏輯書上，把它們叫做彼此矛盾 (contradictory)。有一個典故，就是講矛盾一詞的。在講這個典故前，有一點要注意的。當一個人講一句話，即使你明知道是假的，但有時很難證明它為假。但他講第二句，或更多話時，他的話本身之間，常會顯出衝突或不真了。

　　這個典故是這樣的。古時候有一個行走江湖的人，他賣『矛』，也賣『盾』。正當他在街頭大聲叫賣的時候，有一個圍觀的路人就問他：『老板，你說你的矛舉世無雙，也說你的盾是當今最好的盾，那麼它們到底有多好?』老板聽到有客人對他的商品感興趣，便自信滿滿的回答：『

(例6)

　　⑴我的矛最好，它能夠戳破全世界的盾。

　　⑵我的盾也是最好的，因為全世界的矛都戳不破它。』

聽完回答之後，這個路人不禁捧腹大笑，說：『那你就用你的矛去戳你的盾看看吧!』⑴⑵這兩句話顯然是假的，揚揚能夠證明嗎?』

　　「唔⋯⋯」揚揚支吾其詞。

　　「我保證你不能夠。要是我啊，我的矛和盾就不讓你去試。」小葳說。

　　「算妳聰明。」揚揚說。

　　「不敢當，但我至少能夠證明⑴和⑵不能同真。因為如

果(1)真，則(2)必定假。反之，如果(2)真，則(1)必定假。這樣，(1)和(2)就彼此衝突，彼此矛盾了，對不對？」小葳接著說。

「對。很好。」殷教授說。

「但是，(1)和(2)也可能同假呀，這和剛剛講的不一致，又有什麼不同？」揚揚問。

「問得好。矛盾的典故引出的，其實是先前定義的『不一致』，而不是剛才定義的矛盾。不能同真，也不能同假，是真假最顯著的對立。由於在中文裡，表達真假最尖銳對立的字眼是矛盾。因此，我們拿矛盾來表示這個情況，即使它的典故不是恰好如此。但在邏輯上，只要不能同真的不一致，一般就夠用了，不必追究到也不能同假。因為不能同真，就足夠從它推出一些所要的結論，不必等到不能同假。因此，在使用上我們要把矛盾當不一致的同義語。在有區分必要時，可把不能同真的，叫做廣義的矛盾，也不能同假的，叫做狹義的矛盾。」

「請問，矛盾言、矛盾、彼此矛盾有什麼不同？」揚揚再問。

殷教授說：「『矛盾言』是指一句永遠為假的話；『彼此矛盾』是指兩句不能同真的話之間的關係；『矛盾』或是指矛盾言，或是指彼此矛盾。彼此矛盾的兩句話的連言，是矛盾言。『一致』除了指彼此一致，有時也指適真言，即可以為真的語句。」

涵蘊，等值，推得與跟隨而來

公園裡，有個小孩正津津有味的吃著蓮子冰棒，愛吃甜點的丘崎教授看了好羨慕，便走向攤販，一口氣買了好幾支冰棒，分給大家一起享用。

「好吃，好吃。」殷教授連讚幾聲後，說：「現在應該講一下邏輯推理所根據的一個重要的基礎觀念，即涵蘊。當 p 真，q 也必定真時，我們稱 p 涵蘊 q。或者說 p 描述的事態存在，q 描述的事態也必定存在時，p 涵蘊 q。舉例看看。」

「這次我來。」小葳搶著說：「

(例 7)

　　⑴埃及和印度是文明古國。
　　⑵印度是文明古國。

語句⑴就涵蘊⑵。」

「很好的例子。」殷教授說：「在這裡有兩點要注意的。第一，涵蘊關係講的是語句的真假之間的『條件關係』，不是『實際真假』之間的關係。請看：

(例 8)

　　⑴荷蘭和比利時是歐洲大國。
　　⑵荷蘭是歐洲大國。

我們知道，荷蘭和比利時是歐洲小國，因此⑴和⑵實際都假。但是，如果⑴真，⑵也必定真，因此⑴涵蘊⑵。

第二點是，涵蘊的和被涵蘊的可以是單一語句，也可以是一組語句。前面例 7 和例 8，⑴和⑵都是單一語句。請看下例：

（例 9）

　　　　(1)(a)凡人都會死。

　　　　　　(b)老子是人。

　　　　(2)老子會死。

這裡，(1)涵蘊(2)。(1)是一組語句，(2)是單一語句。再看：

（例 10）

　　　　(1)火星和木星是行星。

　　　　(2)(a)火星是行星。

　　　　　　(b)木星是行星。

這裡，(1)涵蘊(2)，(1)是單一語句，(2)是一組語句。再看：

（例 11）

　　　　(1)(a)凡是偶數可被 2 整除。

　　　　　　(b) 7 是偶數。

　　　　(2)(a) 7 可被 2 整除。

　　　　　　(b)不可被 2 整除的不是偶數。

這裡，(1)的(a)和(b)涵蘊(2)的(a)和(b)。」

　　「有沒有 p 涵蘊 q，q 也涵蘊 p 的情形？」揚揚問。

　　「你大概睡著了。」小葳說：「剛剛才舉的『凡是偶數可被 2 整除』和『不可被 2 整除的不是偶數』不就是嗎？」

　　「真的耶，我恐怕睡著了。」揚揚摸摸頭，尷尬的笑了。

　　「沒關係。等一下別再睡著就好。」殷教授微笑說：「當 p 涵蘊 q，而且 q 也涵蘊 p 時，叫做 p 與 q 等值 (equivalent)。

p 與 q 等值時，p 與 q 的真假值相同，即 p 與 q 同真或同假。在日常說話裡，我們常說 p 和 q 的意思相同或一樣，通常指的是 p 和 q 等值。請看下例：

（例 12）

    ⑴⒜所有烏鴉是黑的。

      ⒝有些烏鴉不黑是假的。

    ⑵⒜羅素是維根斯坦的老師。

      ⒝維根斯坦是羅素的學生。

這裡⑴的⒜和⒝，⑵的⒜和⒝都是等值的。」

    一旁還在吃冰棒的丘崎教授，回過頭來說：「涵蘊和等值是邏輯的基本概念。我們之前曾講過，所謂推理是說，如果我給妳一個真理，看看妳能不能推出另一真理。如果能，妳的推理是正確的；如果不能，則不正確。這樣，當 p 涵蘊 q 時，妳可正確的從 p 推出 q 來，因為此時，如果 p 真 q 也必定真。當 p 與 q 等值時，妳不但可從 p 推出 q，也可從 q 推出 p。」

    「そうですか。」小葳點點頭說。

不 合 邏 輯 與 矛 盾

    吃吃蓮子冰棒，賞賞公園裡池塘中的蓮花，丘崎教授一派輕鬆的問揚揚和小葳：「將來要不要出國深造？」

    小葳說：「想到日本學柔道，也想到英國學文學。」

    揚揚聽了，說：「真矛盾，不合邏輯。」

小葳立即反駁：「哪有不合邏輯。我可先到日本，再到英國留學。可以同真。」

一旁聽到揚揚和小葳爭辯的殷教授，笑著說：「在日常談話中，人們常會不適當的使用了『不一致』、『矛盾』和『不合邏輯』等詞語，我在這裡做一些釐清，相信對你們會有很大的幫助。

當一個人講了不可能為真或永遠為假的話時，他當然矛盾或不一致。但如果他只是講了明顯的假話，而不一定是永遠的假話的時候，最好不要說他矛盾，說他講假話或很荒謬比較好。例如，當他說：『太陽從西方升起來』或『看到一隻人頭烏龜』時，我們可以說他是在說假話，或是他的講法很荒謬。

當兩句話不能同真，而且指涉同一時間或沒有時間性時，當然可以這樣說：『前後矛盾』或『前後不一致』。但如果指涉不同時間時，這樣說並不適當。例如小葳說要到日本留學，又說要到英國留學，除非指同一時間，否則說她矛盾或不一致，並不適當，因為不同時間，可以到不同地方留學。

我們會說『言行矛盾』，更常說『言行不一致』。一句話所講的行為和一個人實際的行為不能同時存在時，是言行矛盾或言行不一致。例如，有一個人說他自己很誠實，但是他卻同時做了不誠實、欺騙他人的行為，則他言行不一致。可是如果他說他很誠實是指中學的時候，而他在大學時才做了不誠實的事情，則他並沒有言行不一致。

當某個人的講話不能令你滿意，你又覺得他的話『不合理』時，你常說他『不合邏輯』。但這不是不合邏輯一詞的

適當用法。不合理的東西，未必矛盾，未必不合邏輯。一個人講了一句矛盾或不一致的話，或做了無效或不正確的推理時，他才不合邏輯。請看下例：

（例 13）

　　⑴他體重一千公斤。

　　⑵孔子是春秋時代的人，王弼是三國時代的人，孔子是王弼的學生。

這裡，⑴也許可以說很荒謬，但不能說不合邏輯，因為雖然現在沒有人曾超過一千公斤，但也許有一天，有人會像神豬那樣，超過一千公斤。⑵則是明顯的不合邏輯的，因為孔子和王弼年代相差那麼久，而且孔子在前，他不可能是王弼的學生。再看：

（例 14）

　　⑴凡人都會死。

　　⑵我是人。

　　⑶但我不會死。

這個推論顯然不合邏輯，因為這些話不能同真，也就是彼此矛盾。還要注意的是，很多矛盾、不一致或不合邏輯，是隱含的、不明顯的，要經一番分析或推演才會顯露出來。」

　　「學了邏輯，是不是比較不會不合邏輯？」小葳問。

　　「那還用說。」揚揚搶答說：「因為學了邏輯，至少比較清楚什麼是矛盾和不一致。」

　　殷教授和丘崎教授都點頭示意。夕陽餘暉輕輕灑落在

蓮花田上，蓮葉和蓮蓬也隨風搖曳，相當美麗。路上遊客漸漸散去，但丘崎教授卻還依依不捨，頻頻回首。

第九回

導謬法與如言證法

彩虹，證明──心理的明白與邏輯的保證

　　午後一陣雷雨，山邊上空出現一道好大的彩虹。丘崎教授說：「這是我第一次看到那麼廣大，那麼豔麗的彩虹。」小葳說：「高掛在天空的彩虹，住在這山丘的人，早司空見慣了。」

　　「彩虹怎麼會是『掛』在天空呢?」揚揚半真半假問。

　　「我『明明看到』它高掛在天空，懷疑什麼?」小葳很自信的說。

　　「我不相信，妳『證明』(prove) 給我看。」揚揚正經八百的樣子。

　　「如果彩虹不是掛在天空，它怎麼不會掉下來呢?」小葳回答。

　　看到揚揚和小葳在抬槓，丘崎教授和殷教授都笑了。「哈哈，你們在談『證明』呀。」殷教授說：「丘崎教授可是當代數理邏輯證明理論 (proof theory) 的開路先鋒，和重要貢獻者。」

　　揚揚和小葳都睜大了雙眼，很驚喜的看著丘崎教授。丘崎教授則是紳士般的向他們兩位點點頭。

　　「不過，我們並不進入這個理論，而只是簡單解說證明的兩大重要和基本方法，和證明的一些直覺觀念。」殷教授接著說。

　　「我們常常講到『證明』。數學課本、課堂上在做證明。數學作業要我們做證明。我們做過那麼多證明，但到底什麼

是證明?」小葳停不住的問。

「妳問一個聰明的問題，還是一個笨問題?」揚揚有點不以為然的樣子。

「如果是一個笨問題，那我問你，請問什麼是證明? 你知道嗎?」小葳質問揚揚。

面對小葳的攻擊，揚揚反倒開始支吾其詞。

「這是一個有意思的問題。」殷教授說:「把英文的『proof』或『prove』翻譯成中文『證明』二字，是很棒的翻譯。因為在語意上，抓住了它的核心意義。

在知識的追求上，我們一直在做證明活動。在證明活動中，基本上是在做兩件事。」

「哪兩件事呀?」小葳等不及問。

「中文的證明一詞，顯示這兩件事。」殷教授繼續說:「證明活動，基本上在做『證』和『明』的活動。明活動在使自己或他人心裡明白，證活動在提出邏輯的保證。在讓自己或他人明白，在提出保證後，才能讓自己或他人相信。」

「有道理。但為什麼明白之後，還要提出保證呢?」揚揚問道。

「問得好。」殷教授說:「自以為明白的東西或真理，未必是真理。有保證的東西或真理，未必明白。揚揚試著舉例看看。」

揚揚摸摸頭後，說:「有了。大晴天，如果你到淡水河出海口，向西望去，你一定會『明明白白』看到藍天與碧海水平的連接在一起;但事實並沒有保證這點。再說，每個人明明白白感覺到地球是靜止的，不會動的;但事實也不保證

這點。」

「很好的例子。小葳也來試試。」殷教授說。

「波蘭天文學家哥白尼 (Nicolaus Copernicus, 1473–1543) 嚴格的科學證明說，在邏輯的保證下，地球是會動的；但我們都沒有明白感到地球是動的。古希臘數學家畢達哥拉斯在邏輯上嚴格證明，直角三角形兩股長為 3 和 4 時，斜邊長一定是 5，即 $3^2 + 4^2 = 5^2$。但無論如何，在直覺上，我們看不到這種數學關係。」小葳說。

「好例子，好例子。」丘崎教授連忙說。

「我似乎還有一個好例子。」小葳說。

「說說看吧!」殷教授說。

「揚揚感覺上很聰明，但在邏輯上很不好證明。」小葳有點得意的說。

「這是自明之理 (self-evidence)，何必證呢?」揚揚直截了當的回答。

此言一出，大家都笑了。

天上的大彩虹下面，不知何時多了個小彩虹。雨後的天空特別清澈，更顯得兩道彩虹夢幻剔透，相當的美麗。殷教授轉頭看見丘崎教授正被這美景吸引，便說：「講到證明，丘崎教授可是專家，接下來要勞駕丘崎教授為小葳和揚揚說明一下。」

迷戀彩虹的丘崎教授，只好回過頭來，說：「邏輯提供我們種種證明方法，尤其是嚴格的邏輯證明方法。現在要講兩個重要而有力的證明方法，就是鼎鼎有名的導謬法 (reductio ad absurdum，簡寫為 RAA)，和如言證法 (conditional proof,

簡寫為 CP)。利用這兩個證明方法，會使許多證明變成容易或較容易。如果沒有，甚至會證不出來呢!」

導謬法與 $\sqrt{2}$ 為無理數

「有那麼重要的證法嗎?」揚揚問。

「嗯。其實多數人都在不知不覺中使用這兩條證法。其中的導謬法，自古希臘以來，就很有名。記得有理數和無理數吧?」丘崎教授說。

「當然。能以整數或分數表示的數，也就是開方得盡的數為有理數，例如 3、11、7/15 等。反之，不能以整數或分數表示的數，也就是開方不盡的數為無理數，例如，$\sqrt{2}$、$\sqrt{7}$ 等。」講到數學，小葳馬上愛現起來。

「好。記得要如何證明 $\sqrt{2}$ 是無理數嗎?」丘崎教授問。

「沒問題。那是我最拿手的。」小葳說:「要證 $\sqrt{2}$ 為無理數，就是要顯示沒有整數 k 和 l，使得

$$\sqrt{2} = \frac{k}{l} \qquad (\text{i})$$

成立。

現在假定有 k 和 l 兩數，而 $l \neq 0$，使得等式(i)成立。如果 k 和 l 具有任何公約數，我們可用這些約數除分數 k/l 的上下，直到得到

$$\sqrt{2} = \frac{m}{n} \qquad (\text{ii})$$

其中 m 和 n 沒有公約數，即互質。

從(ii)，兩邊各平方，得

$$2 = \frac{m^2}{n^2}$$

或是　$2n^2 = m^2$　　　　(iii)

等式(iii)的左邊是偶數；因此右邊也必定是偶數。僅僅如果 m 是偶數，即如果 $m = 2r$，r 是整數，這才可能。

拿 $2r$ 代 $2n^2 = m^2$ 裡的 m，得

$$2n^2 = 4r^2$$

或　　　　$n^2 = 2r^2$　　　　(iv)

因(iv)的右邊是偶數，如同前面的，n 必須是偶數。因此，m 和 n 都是偶數，這樣它們必有公約數，即 2。這樣 m 和 n 是互質，又不是互質，這是矛盾或不一致的。所以 $\sqrt{2}$ 不是有理數，故為無理數。」

「隨手拈來，證得那麼好。」丘崎教授笑著讚美。

「沒有啦!」小葳有點不好意思說。

「我可以把這個證明的邏輯架構整理出來嗎?」揚揚搶著說:「

　　要證明 p 為真，即 p 成立。先假定 p 為假，即非 p，即 p 的否言。然後從非 p，以及其他可用的前提和證據，想辦法導出一個矛盾，或一個不一致，即 q 和非 q。如果導出這樣的矛盾，便證明 p 為真，即 p 成立。」

「很好，很好。完全正確。」丘崎教授顯得非常高興。

「我不太懂，為什麼導出一個矛盾，就可以得到 p 為真的結論呢?」小葳疑惑的問。

「問得好，如果有這個疑問，就能越快了解什麼是導謬法了，可惜很少學生提問。」丘崎教授接著說：「這裡，我們從非 p，以及其他被認定為真的前提和證據，導出一個矛盾 q 和非 q。現在我們導出一個矛盾，即一個假；那就表示這個導出一定在某個地方有錯。現在假定導衍過程本身沒錯，以及所用前提和證據也沒錯，那麼錯就在假定的非 p 上。非 p 有錯，那麼 p 就真了，成立了。」

「そうですか。通了，通了。」小葳如釋重負的說：「不過，還有一個疑點。那就是，錯的可能不在非 p，而在假定沒錯的前提和證據。」

「很好，邏輯就要這樣學，層層追問。」丘崎教授說：「所用前提和證據的錯有兩種。一種是普通的錯，即可能的假，而不是永遠的假，即不是矛盾。另一種是矛盾。如果是前者，則可假定它為對來使用。如果是後者，則不論怎麼假定，它就是假的。現在假定它是矛盾的，那麼邏輯告訴我們，從一個矛盾，任何東西或語句都可以導出來，也就是矛盾涵蘊任何東西的意思。這樣，當然就可導出 p。」

「有道理，有道理。」揚揚和小葳都點頭稱是，豁然開朗的樣子。

「當然，上面講的，如果放在符號化的系統裡來講，會更清楚好懂。但我們現在盡量不用符號，用直覺。」丘崎教授補充說：「還有，上面講的『一個矛盾 q 和非 q』，指的是『任何』矛盾，不單指和 p 矛盾的。而符號 q 不在剛剛所講的前提出現，那就表示 q 為任何東西或語句。」

一旁的殷教授接著說：「上面的論法，西方傳統上常叫

做『間接證法 (imdirect proof)』，也有個拉丁語的名稱『*reductio ad absurdum*』。間接證法的『間接』兩字用得不妥，這用法應該有錯。至於怎麼有錯，需要較長的討論，所以不在這裡說明。國人把這個拉丁名稱譯為『歸謬法』，日本人譯為『背理法』。這些譯法，都不如我們的『導謬法』好；原文的意思是『化致、導致一個荒謬』。好，現在舉個例子，操練一下這個證法。請看下面的論證：

（例 1）

    ⑴如果寒流來襲，則合歡山會下雪。

    ⑵如果合歡山下雪，上山遊客很多。

    ⑶寒流來襲。

    ⑷所以，上山遊客很多。」

還沒等到殷教授講完，小葳就搶著說：「我也來操練導謬法。現在假定，上山遊客不多。那麼，依⑵和質位同換論法，合歡山沒下雪。如果合歡山沒下雪，依⑴和質位同換，寒流沒來襲。這和⑶相矛盾。所以，依導謬法，即 RAA，結論⑷上山遊客很多為真。很簡單。」

「當然導謬法不難使用。」丘崎教授說：「有的問題，不用導謬法去證也可以證得出來，例如上面這個例子，若是採『正面』進路去證，是可以證得出來的。但有的問題若是不用導謬法，可能就證不出來。換言之，使用導謬法可以更容易證出許多難纏的問題。」

「為什麼使用導謬法會更容易證呢？」揚揚問。

「問得好。」丘崎教授說：「首先，使用導謬法，我們多

了一個以『結論的否言』當前提可用。其次，使用導謬法時，前進的方向很多，只要導出任一矛盾就可以，不像沒用導謬法的，一定要朝單一的結論進行。當然，如果一直沒導出矛盾時，有可能是因為技術差，還沒導出來，也有可能是真的導不出。在開放系統中，你證出來了，就證明了；你沒證出來時，我們不知道可證還是不可證。

講一個好玩又有意義的導謬法使用的歷史。歐基理德 (Euclid) 是紀元前三世紀古希臘數學家。歐基理德幾何的第五個設基 (axiom) 平行設基說主張：過直線外一點有而且只有一條與此直線平行的直線。由於兩直線平行的定義是永不相交，涉及無限遠，因此在直覺上人們還是會質疑這個設基的正確性。自從那時候起，好事的數學家總是希望把它當一個定理證明出來。從正面去證，一直不好下手。於是有人就使用『反面』的方法，也就是導謬法去證，也就是假定這個設基不成立，看看能不能導出矛盾來。」

「誰第一個導出矛盾的?」小葳急著想知道答案。

「沒有人，一直到現在還沒有人。」丘崎教授說。

「哈哈，人真笨，人類真笨。」揚揚和小葳異口同聲說。

「人有一點小聰明，也創造不少文明。」殷教授打趣的說：「現在要證明某一塊土地下面有地下水，但不能用挖土的方式，你可以怎麼證?」

「我來試看看。」揚揚說：「不能挖土，眼睛也看不到，恐怕無法『正面』去證。好，現在假定沒有地下水。我們知道，一年來都沒有下雨，而且也一直沒人澆水；因此，如果地上的樹木茂盛的話，必定有地下水。地上的樹木茂盛。所

以，有地下水。」

「很好。這個證明就使用了導謬法。」殷教授說。

「這麼說來，」小葳說：「要證明揚揚不聰明，我最好先假定他聰明。如果他聰明，他怎麼會不知道太陽為什麼不會從西方升起來呢？如果他聰明，他怎麼會不知道他吃飯了就不想吃呢？這是荒謬的。所以，他不聰明。」

「這麼說來，」揚揚反駁說：「要證明小葳笨，我最好先假定她不笨。但我不想這麼假定。所以，證不下去了。」

大家哈哈大笑。

收起笑容，殷教授一臉正經的說：「當你的教授或對手沒有明白直接反對你的觀點或理論時，不要高興太早。他很可能利用導謬法，步步追問，導出荒謬或矛盾，靜悄悄的來擊破你。」

「沒錯。」小葳說：「上一次我的物理學教授就是這樣。」

如言證法，比吃菱角簡單

殷教授的學生小陳特地從臺南來拜訪教授，他帶來了一袋臺南名產菱角當做伴手禮。從未看過菱角的丘崎教授對其形狀感到相當好奇，不停的問：「這是什麼?」

小陳說：「這是生長在河塘湖沼中的草本植物菱的果實，叫做菱角。煮熟後很好吃，但要小心，因為它有角。」

丘崎教授聽罷便拿一個來吃看看，速度很慢，好像真的會被刺到一樣呢!

殷教授說：「現在談另一個重要的證明方法，叫做如言

證法。這個證法比吃菱角還簡單。在要證明的結論具有如言形式 (如果 p 則 q) 時，使用這個證法，可使證明方便簡單。人們自古以來，不知不覺想當然耳的使用這個論證，但直到二十世紀中期，許多邏輯教本才把它和導謬法明白並列出來，當做重要的證明方法。這個論法之所以叫做如言論證，是因為它要證的結論具有如言形式，而且在證明中使用了這個形式的特色。

如言證法簡單的說是，當要證明的是像『如果 q 則 r』這樣的如言形式的主張或結論，或『以 p 為前提，如果 q 則 r 為結論』的論證時，我們可以拿如言結論的前件 q 當添加的前提，來證得或推出結論的後件 r。如果得到 r 的話，就證得如言結論如果 q 則 r。

舉個例子來說。如果要證明如言結論『如果你阿土向北飛，則會到達北海道北端稚內』，不論有沒有學過邏輯，通常都會叫阿土向北飛看看；如果阿土到達稚內了，我們會說，證得如果阿土向北飛，則他會到達稚內這個如言形式的結論。

試看下面的論證：

（例 2）

　　⑴或是上海隊得第三或是嘉義隊沒得第一。

　　⑵如果洛杉磯隊沒得第二，則上海隊沒得第三。

　　⑶所以，如果嘉義隊得第一，則洛杉磯隊得第二。」

「要從前提⑴和⑵證得或推得結論⑶，似乎有點難，不直覺。」小葳說。

「似乎如此。」殷教授說：「但如果使用如言證法，就會容易多了。」

「我來試試看。」小葳說：「把如言結論(3)的前件當添加的前提，即嘉義隊得第一。這樣，如果嘉義隊得第一，則依前提(1)和選言三段論法，上海隊得第三。依質位同換和雙否言論法，從前提(2)，得如果上海隊得第三，則洛杉磯隊得第二。現在上海隊得第三，所以依肯定前件論法，得洛杉磯隊得第二。這樣，依如言論法，就得如果嘉義隊得第一，則洛杉磯隊得第二。哈哈，洛杉磯隊第二，不過丘崎教授現在也是嘉義人呀！」

丘崎教授笑了笑，說：「但是，這個結論只是說：如果嘉義隊第一，則洛杉磯隊第二，並沒有說，嘉義隊真的得了第一，也沒有說，洛杉磯隊真的得了第二喔！」

「是是。」小葳趕快警覺起來說。

「有幾點要注意的，」丘崎教授接著說：「一，在一個證明裡，可以多次使用導謬法和如言論證；二，一個大證明裡可以層層包含許多小證明或子證明；三，這些小證明也可使用導謬法和如言論法。在符號化系統裡，比較能把這三點說得更清楚。有興趣的人，可參考劉福增的《基本邏輯》第五章如言論法與導謬法。」

「要證明『如果小葳申請 UCLA，她會得到獎學金』為真的簡便的方法是什麼呢？」揚揚問小葳。

「再簡單也沒有了，我去申請就是了。」小葳輕鬆的說。

「最後有一點最好弄清楚。」丘崎教授說：「為什麼如言論法是正確的呢？」

　　「這，有一點難，又不難。」小葳摸摸頭說：「有了，如果從 p 導出 q，那麼 p 真時，q 也必定為真，這樣如果 p 則 q 這個如言也真。」

　　「那麼簡單，還用說。」揚揚輕鬆的聳聳肩。

　　山風徐徐吹來，特別爽快。抬頭一看，彩虹不見了，山峰跟著清澈了起來，烏龍邏輯的討論也越來越明晰呢!

·第十回·
類稱三段論與范恩圖解

仁義潭上的月色

　　一輪明月，從阿里山升起，照亮整個仁義潭。潭中的蟲聲此起彼落的，唱著和弦。看到滿月，丘崎教授想起了邏輯史上第一個畫圓圈的方法。丘崎教授於是說：「歷史上第一個有系統的利用圖形，來顯示某一類論證——類稱三段論 (categorical syllogism)——的正確性或有效性的人，是十八世紀瑞士數學家歐樂 (L. Euler, 1707–1783)。到了十九世紀，英國數學家范恩 (J. Venn, 1834–1923) 修改歐樂的圖解，產生了現有的范恩圖解 (Venn diagram)。」

　　「這就是邏輯書上用圖形表示的東西？」小葳插話問。

類稱三段論，人是動物

　　「先前我們說過，亞里斯多德是邏輯或傳統邏輯的創造者。」丘崎教授接續說：「他在西元前三世紀首次提出和處理了所謂類稱三段論。下面是一個著名的例子：

（例 1）

　　　(1)凡動物都會死。
　　　(2)凡人是動物。
　　　(3)所以，凡人都會死。

這個論證有兩個前提和一個結論，所以叫做三段論。前提和結論，是類稱語句，因為都是講『動物』、『人』和『會死的』

這些類之間的邏輯關係的。亞里斯多德自己提出許多法則和方法，來決定這類論證的正確性或有效性。後來的邏輯家和邏輯教本，也提出其他不同的法則和方法。今天我們要介紹其中一種，即范恩圖解。比起其他方法，比較不需要背，技術簡單，容易熟悉，也比較直覺，不用『想』，只要『看』，不容易忘記。可以隨便用一張紙做這種圖解。因此，也可叫做『紙片方法』。」

類與分子

「范恩圖解，好像很好玩，我有點等不及。」小葳說。

「不急，不急。」殷教授說：「我們知道，貓是一類 (class)，狗也是一類。自然數、負數、分數都各是一類。人當然也是一類。一個類有它的分子 (member)。小葳家的小花貓是貓類的一分子。1、3、7 等是自然數的分子，–2、–11 是負數的分子。老子、亞里斯多德是人類的分子。

一個類可用兩種方式來定義。一種是列舉法 (enumeration)，就是把一個類的分子列舉出來，並且用括波『{』和『}』把此類的分子圍起來。另一種是性質徵定法 (charaterization)，就是用這一個類的所有分子所共通和特有的性質，來說出這個類。例如，

(例 2)

　　⑴ {3, 7, 10}

　　⑵ {a, e, i, o, u}

(3) ﹛李白，杜甫﹜

(4)英文母音字母

(5)自然數

(6)現在國家的首都

(1)，(2)和(3)是用列舉法定義的類。(5)，(6)是用性質徵定法定義的類。顯然，(2)和(4)是兩個相等的類。性質徵定法也可以這樣來表示，例如上面(4)寫成 $\{x \mid x$ 是英文母音字母$\}$，念為『由所有 x 為分子，使得 x 為英文母音字母所成的類』；(5)寫成 $\{x \mid x$ 為自然數$\}$，念為『由所有 x 為分子，使得 x 為自然數所成的類』。

　　有幾種特別的類。一，空類 (empty class)，就是沒有分子的類。不論在科學或日常談話，都常講到空類。例如，

(例3)

(1)十八世紀的恐龍

(2)昨天到你家偷東西的小偷

(3)不能被 2 整除的偶數

(4)愛過阿蘭的男生

(5) $\{3, 8, 9\}$ － $\{2, 3, 7, 8, 9\}$

十八世紀沒有恐龍，(1)為空類。如果你家昨天有小偷光顧，則(2)不空；如果沒有，則空。(3)顯然為空類。希望(4)不會是空類。(5)為前一個類（的分子）減掉後一個類（的分子）以後所得的類，因為沒有分子了，故為空類。」

　　「如果(4)裡的阿蘭改為阿葳，保證它不會是空類。」小

葳插話說。

「二，無限類 (infinite class)。」殷教授笑了一下，接著說：「就是分子數不盡的類。例如，

（例 4）

　　⑴大於 9 的整數
　　⑵ $\{0, 2, 4, 6, \cdots\}$

大於 9 的整數是數不盡的，故⑴為無限類。⑵可視為是正偶數類，點號『…』表示無限寫下去，故為無限類。」

「⑵是不是可視為既是列舉的，也是性質徵定的？」揚揚問。

「有見地。」殷教授點頭說：「三，宇類 (universal class)。我們常在設定的某一範圍內討論問題，這個範圍內的項目所成的類，就是這個討論的宇類。小學一年級數學課講的數，以正整數為範圍。這樣，正整數就是一個宇類。」

「這樣，高中數學課講的數，就以實數為宇類了。」小葳不問自答。

「寫情書給小葳的宇類，一定是那些愛獻殷勤的男生。」揚揚也自言自語。

范恩圖解

滿月正在上空，青蛙猛叫，蟲聲也不斷。

「要講范恩圖解了嗎？」小葳急著問。

「菜準備好了，正要炒了。」殷教授順手拿了紙筆，緩

緩的畫一個圓，說：「現在用正圓 A 代表 A 類（正圓是為了好看，任何封閉的圖形都可以），用希臘字母 φ（念成 fi）代表空類。如果 A 類為空，可寫成 $A = \varphi$；把 φ 寫在 A 圓內，如圖 1。如果 A 類不空，可寫成 $A \neq \varphi$；並用『有號』或『存在號』『∃』寫在 A 圓內，如圖 2。」

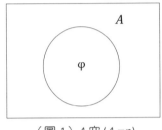
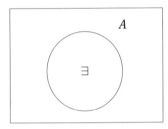

（圖 1）A 空 $(A = \varphi)$　　　　　（圖 2）A 不空 $(A \neq \varphi)$

「圖形上的矩形做什麼用途?」揚揚問。

「對了，忘記交代。那是代表宇類，可以省略不寫。」殷教授接續說：「如果在 A 類外，也涉及 B 類，要畫 A 和 B 兩個相交的圓，如圖 3 和 4。為了說明方便，在圖的每個單一區域標寫號碼 1, 2, 3 和 4，代表各該單一區域。每一單一區域表示一個單一的類。不必要時，這些標號可不寫。在 A 空時，要在所有 A 區，即區域 1 和 2 寫空類 φ，如圖 3。不可只在 1 和 2 之一寫。只在其中之一區寫，只表示該區為空，另一區是否空沒有表示。

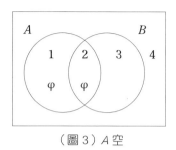

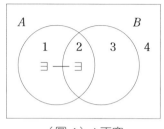

（圖3）A空

（圖4）A不空

在 A 不空時，在 1 和 2 區寫有號或存在號ョ，在兩個有號ョ之間畫一連線『一』，如圖 4。這條連線表示『或者』的意思。A 不空的意思是，或是 1 區不空，或是 2 區不空，或是這兩區都不空。A 不空沒有告訴我們這三者哪一個不空。因此，要畫『或者線』。

　　在 m 是 A 類的一分子或 m 屬於 A 時，可在 A 圓內畫一個小點，並在點的旁邊寫 m，表示 m 在 A 裡，也就是 m 是 A 的一分子，如圖 5。在 m 不是 A 的一分子時，則在 A 裡畫一個小叉，並在旁邊寫 m，表示 m 不在 A，如圖 6。

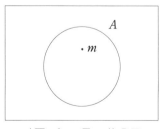

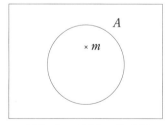

（圖5）m 是 A 的分子

（圖6）m 不是 A 的分子

　　有 A 與 B 兩圓相交時，m 是 A 的一分子的表示，要在

1 和 2 區各寫一個點，並用或者線連結這兩點，表示 m 或是
在 1 區，或是在 2 區，或是在這兩者。這正是 m 在 A 的意
思，如圖 7。

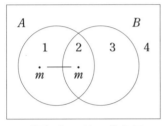
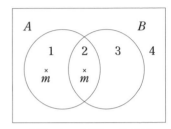

（圖 7）m 是 A 的分子　　　（圖 8）m 不是 A 的分子

m 不是 A 的分子，也就是 m 不在 A 時，要在 1 和 2 區分別
畫個小叉，並在旁邊寫 m，表示 m 既不在 1 區也不在 2 區，
如圖 8。也唯有不在這兩區，才說 m 不在 A。在這裡，兩小
叉之間，不要畫或者線。我們的范恩圖解，這樣就規定好了。
好不好玩？」

「范恩圖解不但可寫在紙上，也可寫在地板上、手掌上。
我寧可稱它為手掌圖解。」小葳高興的說。

「妳最好去登記著作權。」揚揚開個玩笑。

「免了，我要把它當邏輯的公產。」小葳大方的說。

類稱語句的標準形式與圖解

潭邊的咖啡小館，燈光猶亮，三五遊客還在賞月。

喝一口烏龍茶後，丘崎教授說：「更精彩、更好玩的就

要來了。我們可把表述類與類關係，或類與分子關係的語句，叫做類稱 (categorical) 語句。例如，語句『所有蘇格拉底的學生是哲學家』表述蘇格拉底的學生類與哲學家類的某種關係；『老子是哲學家』表述分子老子與哲學家類的某種關係。

傳統的亞里斯多德三段論，把類稱語句分為四種標準形式。設 S 代表蘇格拉底的學生 (類)，P 代表哲學家 (類)。這四種形式是：

  ⑴全稱肯定 (universal affirmative) 語句：所有 S 是 P。

   例：所有蘇格拉底的學生是哲學家。

  ⑵偏稱 (particular) 肯定語句：有些 S 是 P。

   例：有些蘇格拉底的學生是哲學家。

  ⑶全稱否定 (negative) 語句：沒有 S 是 P。

   例：沒有蘇格拉底的學生是哲學家。

  ⑷偏稱否定語句：有些 S 不是 P。

   例：有些蘇格拉底的學生不是哲學家。

這些語句可用范恩圖解表示如下：

(1)全稱肯定語句：所有 S 是 P。

  例：所有蘇格拉底的學生是哲學家。

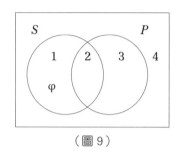

（圖 9）

即所有 S 類的東西，必定也在 P 類。這是說，沒有是
S 但不是 P 的東西，即 1 區沒有東西，是空的。這樣，把 φ
寫在這區。也就是，蘇格拉底的學生類的所有分子，都在哲
學家類裡面，即在哲學家類以外，沒有蘇格拉底的學生。」

「我有一個疑點。」揚揚問道：「在這個圖片裡，看不到
存在號『∃』，這是否表示，把全稱語句解釋為對所稱指的類
沒有做存不存在或空不空的斷說？」

「善哉問。」丘崎教授說。

「丘崎教授念過文言文嗎？」小葳有點驚訝的問。

「念過一點，我還會背兩首李白的詩呢！」丘崎教授說：
「改天再來聊唐詩，現在先講邏輯。在西方傳統邏輯上，自
亞里斯多德開始，一直有個不知不覺的錯誤的假定，認為所
有被我們談論到的類都是不空的，例如，講『所有四千公尺
以上臺灣的高山冬天會下雪』時，認定臺灣有四千公尺以上
的高山。直到十九世紀的范恩才指出這種錯誤，例如，如果
在講上述那句話時，認定臺灣有這麼高的山，就是一個錯誤
的認定。其實，就全稱語句的一般使用而言，可以解釋為沒
有存在斷定和有存在斷定兩種。現在的邏輯討論上，一般約

定，把全稱語句解釋為沒有存在斷定，因此，僅僅從全稱語句推不出存在語句。例如，從前面那句話推不出『有些四千公尺以上臺灣的高山冬天會下雪』。」

「這就是邏輯的嚴格了。」小崴添了一句。

點點頭後，丘崎教授說：「請看偏稱肯定語句的圖解：

(2)偏稱肯定語句：有些 *S* 是 *P*。

例：有些蘇格拉底的學生是哲學家。

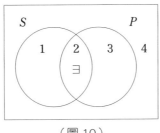

（圖 10）

即有 *S* 類的分子在 *P* 類的，即這兩個類有重疊的，有既是 *S* 又是 *P* 的東西。把 ∃ 寫在重疊的 2 區表示這區所代表的類是有分子的。這是說，有既是蘇格拉底的學生又是哲學家的人。

(3)全稱否定語句：沒有 *S* 是 *P*。

例：沒有蘇格拉底的學生是哲學家。

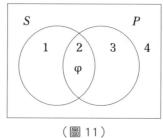

（圖 11）

　　即 S 類和 P 類沒有重疊的，即既是 S 又是 P 的部分是空的。把 φ 寫在相交的 2 區表示這區所代表的類是沒有分子的。也就是，既是蘇格拉底的學生，又是哲學家的人，是不存在的。

⑷偏稱否定語句：有些 S 不是 P。

　　例：有些蘇格拉底的學生不是哲學家。

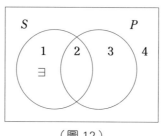

（圖 12）

　　即在 P 類之外有 S 類的分子，即有是 S 但不是 P 的東西，把 ∃ 寫在 S 但不是 P 的 1 區。也就是，有的蘇格拉底的學生不是哲學家。」

　　「我有一點小疑問。」小葳說：「在范恩圖解裡沒有寫 ∃

或 φ 的部分或類，是否是說我們對該部分或該類是空還是
不空並沒有斷說?」

「不錯。」殷教授接著說:「讓我們舉幾個類稱語句范恩
圖解的例子:

(例 5)

　　(1)所有狗是哺乳動物。

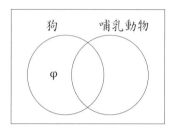

　　(2)有些植物是食蟲者。

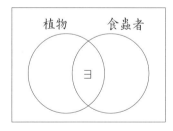

　　(3)沒有女人是父親。

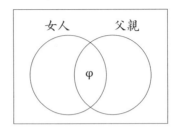

(4)有些男人不是叔父。

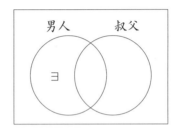

這樣的例子應該不難理解。」

小葳和揚揚皆點頭示意。

等值，一致與范恩圖解

喝完茶後，殷教授繼續說：「現在要講范恩圖解的一些應用了。首先，可用它來決定兩個類稱語句是否等值。我們記得，兩個語句為等值，表示它們的真假完全相同。若兩個語句彼此一致，則表示它們可以同真。但是要注意，兩個等值的語句未必一致，因為兩個矛盾言也等值，但不一致。

(一)等值

好。兩個類稱語句的范恩圖解完全相同時,它們等值;沒有完全相同時,它們不等值。請看下例:

(例6)

(1)沒有政客是慈悲的。　　(2)有些政客是不慈悲的。

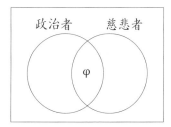
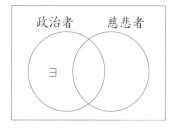

(1)和(2)的圖解顯然不同,故語句(1)和(2)不等值。

(例7)

(1)有些樹有藍花。　　(2)有些有藍花的是樹。

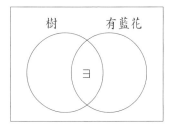
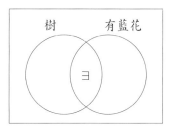

(1)和(2)的圖解完全相同,因此語句(1)和(2)等值。

(二)一致

兩個類稱語句的范恩圖解,在同一個類區中沒有既有

確定的空號 φ，又有確定的有號 ∃ 的，則這兩個語句一致；
否則，在同一類區中，同時有這兩者的，則為不一致。請看
下例：

（例 8）

(1)沒有日本賽車是駕駛起
　　來有趣的。

(2)有些日本賽車是駕駛起
　　來有趣的。

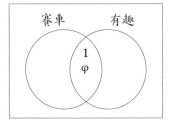 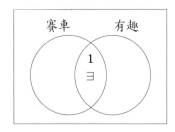

(1)的 1 區是空號 φ，(2)的 1 區是有號 ∃。同一區不能既空又
不空，因此語句(1)和(2)不一致。

（例 9）

(1)有些日本賽車是駕駛起
　　來有趣的。

(2)有些日本賽車不是駕駛
　　起來有趣的。

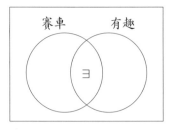 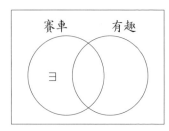

在⑴和⑵的圖解中，沒有同一區既有 φ，又有 Ǝ 的。因此⑴和⑵一致。」

三段論，范恩圖解，豆腐花

「丘崎教授，您在家鄉美國，什麼東西吃喝起來，最簡單方便?」小葳問道。

「牛奶咖啡。每堂課間，我都要喝上一杯。」說起咖啡，丘崎教授不禁流露出思念的表情。

「在這裡，對我來說，是豆腐花。相信丘崎教授還沒有吃過，改天我們到市區去嚐嚐吧!」小葳說。

一旁的殷教授說:「我也好久沒吃了。迄今學者和教科書已經提出不少決定類稱三段論的正確性或有效性的技術和方法，但是要像豆腐花一樣，最滑溜順口、入口即化的，在實用上，最簡單方便和容易學的，若非范恩圖解，就無第二了。

這個方法很簡單。首先把前提和結論，分別顯示在前提圖解和結論圖解上。要把所有前提顯示在同一個前提圖解上。然後判定，前提圖解成立時，結論圖解是否也成立，即前提圖解是否涵蓋結論圖解。如果是，則論證正確;如果不是，則不正確。請看下面論證及其圖解:

(例 10)

　　⑴所有人會死。

　　⑵老子是人。

(3)所以，老子會死。

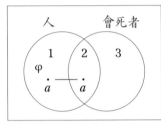
前提圖解

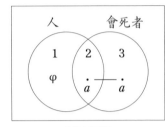
結論圖解

　　先看這個論證一共講到幾個類。有幾個類就畫幾個彼此相交的圖。我們是把范恩圖解當做判定類稱論證正確性的一種簡便方法，而當一個論證涉及四個或更多類時，理論上不是不可以，但實際操作上，范恩圖解本身一下子複雜起來，變成不是簡單方法。因此，通常只用范恩圖解處理三個類以內的論證。

　　這個論證只講到兩個類，人和會死者，因此在圖解上只畫兩個相交的圓，如上面兩個圖。先把兩個前提表示在前提圖解。依第一前提『所有人會死，』把空類 φ 寫在 1 區。依第二前提『老子是人』（設 a = 老子），把 a 點分別寫在前提圖解的 1 和 2 區，並用或者線連起來，表示 a 在 1 區，或在 2 區。其次，依結論『老子會死』，把 a 點分別寫在結論圖解的 2 和 3 區，並用或者線連起來，表示 a 在 2 或 3 區。最後判定，前提圖解成立時，結論圖解是否成立。由於前提圖解中 1 區為空（有 φ），因此 a 不在 1 區，因此必定在 2 區。當 a 在 2 區時，當然是說 a 在 2 或 3 區，這是結論圖解顯示

的。因此，前提圖解成立時，結論圖解必定成立。因此這個論證正確。

再看論證：

(例11)

　　(1)所有人會死。

　　(2)老子會死。

　　(3)所以，老子是人。

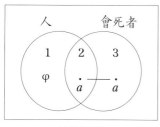

前提圖解

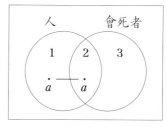

結論圖解

依第一前提『所有人會死』，如前例那樣，在前提圖解的 1 區寫 φ。依第二前提『老子會死』，把代表老子的 a 分別寫在 2 和 3 區，用或者線連起來，表示 a 在 2 或 3 區。依結論『老子是人』，把 a 點寫在結論圖解 1 和 2 區，用或者線連起來。依前提圖解，a 在 2 或 3 區。但依結論圖解，a 在 1 或 2 區。由於當 a 在 3 而不在 2 區時，得不到 a 在 1 或 2 區這結論，因此這個論證不正確。

再看下面的論證：

(例 12)

　　⑴所有動物會死。

　　⑵所有人是動物。

　　⑶所以，所有人會死。

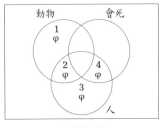

前提圖解

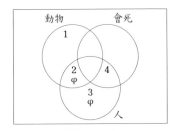

結論圖解

　　這個論證講到三個類：動物，會死者，人。要畫三個兩兩相交的圓，如上圖。依第一前提『所有動物會死』，在前提圖解 1 和 2 區寫 φ，表示沒有不會死的動物，即所有動物會死。依第二前提『所有人是動物』，在 3 和 4 區寫 φ，表示沒有不是動物的人。依結論『所有人會死』，在結論圖解的 2 和 3 區寫 φ，表示沒有不會死的人。結論 2 和 3 區的 φ，在前提 2 和 3 區已經有。因此，如果前提成立，結論也必成立。這樣，這個論證正確。」

　　「有趣又好玩。」小葳說。

　　「不急，不急，我來舉例說明。」揚揚忙著說。

　　「現在的世界變了，gentlemen 也來 first 了！」小葳口氣酸酸的。

　　「哪裡，哪裡，不客氣了。請看下例：

（例 13）

　　⑴有些鐵線蓮有淡紅花。

　　⑵所有鐵線蓮是藤蔓植物。

　　⑶所以，有些藤蔓植物有淡紅花。

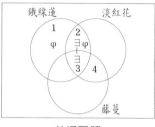

前提圖解

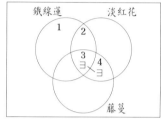

結論圖解

　　這個論證講到三個類：鐵線蓮，淡紅花，藤蔓植物。依第一前提『有些鐵線蓮有淡紅花』，在前提圖解 2 和 3 區寫ョ，用或者線連起來，表示在 2 或 3，或這兩者有東西。依第二前提『所有鐵線蓮是藤蔓植物』，在 1 和 2 區寫 φ，表示沒有不是藤蔓植物的鐵線蓮。兩個前提合起來顯示，3 區確定不空。在 3 區不空時，當然可說 3 或 4 區不空，如結論圖解所示。這正是結論告訴我們的，因為這時就是 3 或 4，或兩區不空。這樣，前提成立時，結論也必成立。因此論證正確。

　　再看下例：

（例 14）

　　⑴有些參加這場選舉的候選人被控告。

　　⑵沒有曾被控告的人是好候選人。

(3)所以，有些參加這場選舉的候選人不是好候選人。

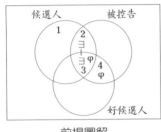
前提圖解

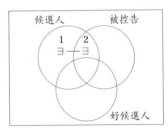
結論圖解

這個論證講到三個類：候選人，被控告者，好候選人。依第一前提『有些參加這場選舉的候選人被控告』，在前提圖解 2 和 3 區寫ョ，用或者線連起來，表示這個『有』是在 2 或 3，或這兩區。依第二前提『沒有被控告的人是好候選人』，在前提圖解 3 和 4 區寫φ。依結論，在結論圖解 1 和 2 區寫ョ，並用或者線連起來。3 區空，因此 2 區確定不空，即有。2 區不空時，當然可說，1 或 2 區不空，這正是結論『有些參加這場選舉的候選人不是好候選人』講的，如結論圖解所示。因此論證正確。

再舉一例：

(例 15)

　　(1)有些學生沒做功課。

　　(2)沒有有做功課的人考試失敗。

　　(3)所以，有些學生考試失敗。

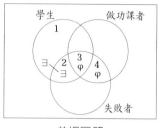

前提圖解

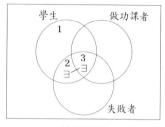

結論圖解

　　這個論證講到三個類：學生，做功課者，考試失敗者。依第一前提『有些學生沒做功課』，在前提圖解 1 和 2 區寫ョ，用或者線連起來，表示 1 或 2，或這兩區不空。依第二前提『沒有有做功課的人考試失敗』，在 3 和 4 區寫φ。依結論『有些學生考試失敗』，在結論圖解 2 和 3 區寫ョ，用或者線連起來，表示 2 或 3，或這兩區不空。但依前提圖解，不空的可能是 1 區，不是 2 區。因此 2 區可能空。在前提圖解為空時，不能如結論圖解顯示的 2 或 3 區不空。因此論證不正確。」

　　「停停停，你別再舉下去啦！該我了吧？我早就養精蓄銳，在這裡等著呢！萬米賽跑，慢出發的，未必得不到冠軍呢！」小葳帶點哲學語氣說：「我也要舉例了：

（例 16）

　　⑴有些陰天不是無雨。

　　⑵有些雨天是寒冷和有風。

　　⑶所以，有些陰天是寒冷和有風。

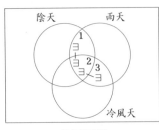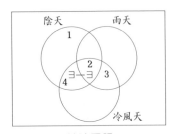

前提圖解　　　　　　　　　結論圖解

這個論證講到四個類：陰天，雨天，冷天和風天。但在論證中始終把寒冷又有風的天當一個類，我們可把論證處理爲三個類：陰天，雨天和冷風天。在前提圖解上，依第一前提『有些陰天不是無雨』，即『有些陰天是雨天』，在 1 和 2 區寫彐，用或者線連起來。依第二前提『有些雨天是寒冷和有風』，在 2 和 3 區寫彐，並用或者線連起來，在結論圖解上，依結論在 2 和 4 區寫彐，用或者線連起來。結論圖解顯示 4 區有空的可能，但前提圖解沒有告訴我們這點。因此論證不正確。

大功快告成了，再舉一例：

（例 17）

　　(1)每個受教育的人能夠做邏輯。

　　(2)沒有受教育的人失業。

　　(3)所以，沒有失業的人能夠做邏輯。

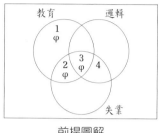

前提圖解

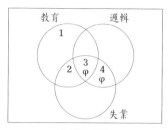

結論圖解

　　這個論證有三個類：受教育的人，能夠做邏輯的人，失業的人。依第一前提『每個受教育的人能夠做邏輯』，即能夠做邏輯的人沒有不受教育的，在前提圖解 1 和 2 區寫 φ。依第二前提『沒有受教育的人失業』，即沒有受教育又失業的人，在 2 和 3 區寫 φ。在 2 區已寫 φ，這次可免寫 φ。依結論『沒有失業的人能夠做邏輯』，即沒有失業又能夠做邏輯的人，在結論圖解 3 和 4 區寫 φ。但在前提圖解 4 區沒有 φ。因此論證不正確。」

　　揚揚說：「哇，小葳，妳的范恩圖解，大功告成了!」

　　小葳回答：「什麼我的范恩圖解，是大家的范恩圖解!」

　　殷教授和丘崎教授被兩個年輕人逗得闔不攏嘴，彎彎的笑眼正好和天上的明月互相輝映。

第十一回

基本關係

大晴空，天邊閃閃，有什麼關係

　　今晚，萬里無雲，星光燦爛，天邊還閃閃發著光。

　　「我一直想不通，現在沒有打雷，為什麼天邊閃閃發光，這會和什麼有關係嗎？」小葳在山莊陽臺觀望天邊的閃光後，自言自語說。

　　一旁的殷教授聽了便說：「哲學家、科學家和神學家等，會以不同角度和看法，把宇宙內的事事物物聯繫起來，形成一些關係。哲學家亞里斯多德認為有一個不動的動者，開始了宇宙的第一個動，萬物就這樣動起來。科學家牛頓認為萬物之間有引力關係。神學家認為上帝或阿拉和人類之間有子民關係。人間學者認為人與人之間依靠婚姻、血統、朋友、同事、同學等關係聯繫起來。」

　　「我從報紙的文字，也知道國家之間有聯盟或敵對關係。」揚揚插話說。

　　「我想都不用想，也知道人間有戀愛關係。」小葳也不甘示弱說。

　　「烏龍邏輯的辯士，什麼關係都要談。」殷教授說。

　　「邏輯和關係的研究有什麼特別關係嗎？」揚揚和小葳同聲問。

　　「在西方邏輯發展裡，開創和引進一般關係理論，是現代邏輯進程的一大步。而丘崎教授可是重要的接棒者呢！」

　　「そうですか。」揚揚也學小葳喝彩起來。

　　「現在，我們請丘崎教授為我們講一些邏輯上的基本關

係。丘崎教授有請了。」說完，殷教授順勢喝了一口茶。

沾 來 就 是 關 係

「放眼望去，宇宙、世界和人間的事事物物之間，沾來
就有種種關係。」丘崎教授沉思一下，接著說：「假如有人問
『什麼是關係』，多數人會舉許多實際關係的例子來回答。
但這樣的回答，只是舉出關係的例子而已，並沒有說出關係
本身是什麼。在當代的邏輯研究上，有人很巧妙的利用有序
對 (ordered couples) 或有序 n (ordered n-tuples) 的集合來定
義二元關係或 n 元關係。」

「什麼叫做有序對或有序 n 的集合？」小葳急著問。

「這裡我們很直覺來講一些邏輯的基本關係，暫時不必
管這些什麼對好了。」丘崎教授接著說：「即使這樣，有三點
要注意的。一，稍微想想應可知道的，所謂關係應是存在於
個子 (individual)、個目、個體或項目 (items) 之間的關係的。
例如天體的運行關係，是存在於星球——一種個子或個體
之間的關係；同學是存在於各個人之間的關係。數目的大小
是存在於數之間的關係。二，通常在講某種關係時，是要就
一定的範圍裡的個子或項目來講的。例如，在講長官和部屬
關係時，是就一定體制內的成員講的，在這體制之外的人，
沒有這種關係可言。一個關係所講的諸個子或個體所構成
的範圍或集合，叫做這個關係的範域 (domain)。在講一個關
係時，除非它的範域在討論時已經很明確，可以不必明說，
否則最好明說出來。三，講到關係，要有幾元關係的觀念。

所謂幾元關係，指一個關係，要當做存在於幾個個子或項目之間的關係來看。一般，二元關係最常見。例如，師生關係存在於老師和學生之間；數的大小關係，存在於兩個數之間。『……在……和……之間』的關係，可視為存在於三個項目之間，例如，『嘉義在臺北和高雄之間』，可視為存在於嘉義、臺北和高雄三者之間的關係。」

「要怎樣決定一個觀念或詞組是表示幾元關係呢?」揚揚露出了疑惑的眼神。

「好問題。」丘崎教授說:「這主要要看我們處理事物或事項的需要和追究的程度而定。就需要而言，精細的處理，通常到夠用就好。但就追究的程度而言，通常要到人力物力窮盡和江郎才盡為止。」

「後知後覺。」小葳小聲說。

「總比不知不覺好。」揚揚也小聲的回應。

「對了。」丘崎教授繼續說:「雖然這樣說，一個觀念或詞組的關係元數也有上下限。下限是零，上限依每個觀念或詞組的實際情況而定。

有一個有趣的情形。關係的零元、一元和二元在邏輯上是不同階段。需要用一元或更多元以上關係才能處理的問題，用零元關係無法處理。需要二元或更多元以上關係才能處理的，用一元無法處理。但在邏輯上，三元以上的東西可以轉換成二元來處理。不過這樣的轉換，在技術上常常會變成比較複雜。不知道這樣解說，會不會太抽象?」

「我才不怕抽象什麼的。」小葳一派輕鬆的說。

函應，一一，多一，一多

　　泡了一壺沁香的茶，小葳一邊將茶水倒到茶杯裡，一邊說：「這是朋友送的，得獎的烏龍茶喔，請教授品品看。」

　　「講抽象是我們的職業，也是我們的生命活動和淵泉。」丘崎教授愉快的說：「喝烏龍茶，也是終身難忘的。」

　　「對了。中學上完數學的函應（數）(function) 課，同學都會念念有詞說：『一一，多一，一多。』函應不也是一種對應關係嗎?」揚揚問道。

　　「對的。對兩相對應的關係而言，可有一對一、多對一和一對多等重要的對應。」丘崎教授說：「在一夫一妻制裡，夫妻關係是一對一的對應。」

　　「在一女一男的愛情裡，情侶關係也一定是一對一的。」小葳註解說。

　　丘崎教授微笑著點點頭，說：「在國際社會裡，國家和首都之間的對應也是一一的。在四則運算裡，分數和商之間的對應也是一一的。你們也舉些多一的對應來說說吧!」

　　「軍隊裡，士兵對排長是多一對應。」揚揚繼續說：「在總統制的國家裡，人民對總統是多一的。在太陽系，行星對太陽，是多一的。」

　　「在雞群裡，小雞對母親，也是多一的。」小葳像小詩人般，緩緩的說。

　　「一多關係也容易舉例。」揚揚說：「上面的多一關係，反過來看，是一多的。一數與其平方根的關係，是一多的。

4 的平方根有 2 和 −2。」

「在這些對應關係中，哪一個對應最重要呢?」小葳突然發問。

「好問題，好問題。」丘崎教授高興的說:「多一對應最重要，一一可視為是多一的一個特別情況。多一對應之最重要，也不難想到。用電腦的輸入輸出來想，更清楚。在輸入輸出中最重要的是『輸出控制』。有輸出，而且當只有一個輸出時，我們才能得到我們想要的。有兩個或更多可能輸出時，我們就無法分辨要和不要的東西了。」

「有道理。」揚揚和小葳異口同聲說。

「在數學裡，把多一對應，叫做函應 (function)。」丘崎教授說。

「不是叫做函數嗎?」揚揚問。

「在中文，最好譯為函應。」殷教授說:「日本人譯為關數。關數的譯法考慮到關係。但函應所對應的不限於數，任何個子、個體或項目都可以。使用『函』字，也許是考慮到包含、匣子、盒子。好像一個函應在『內部』經一定機制的操作後，得出一定的結果。我們保留函字的這可能意含以及習慣，把 function 譯為『函應』。」

「沒有更好的翻譯了。」小葳讚美一番。

「發展到今日，在數學和邏輯裡，函應都有很豐富和複雜的理論。」丘崎教授說:「年輕人有興趣，可以繼續探索。」

對稱， 傳遞， 自返， 聯通

浩瀚的天空，數不盡的星星在閃耀。有的群聚，有的孤立。人們常常自作多情，把星星和自己或人類的命運關聯在一起，於是誕生了各種關於星座的故事。天文學家，也會猜測諸星之間有什麼關聯。反正，關係是講不完的。

伴著星光，一行人在陽臺喝著香氣濃郁的烏龍茶，殷教授說：「我們最好熟悉二元關係的幾個重要性質。我們可以經由具有或不具有這些性質，來了解和把握一個關係的特徵。在講述關係時，要注意個子或項目間的次序。x 和 y 有關係 R，是與 y 和 x 有關係 R 不同的。5 有大於 3 的關係，但 3 沒有大於 5 的關係。

我們稱關係 R 為對稱 (symmetrical)，如果 x 和 y 有關係 R，則 y 和 x 也有關係 R。例如，結婚、同學、相等、平行、等值等關係，是對稱的。那麼你們想想，喜愛和朋友關係也是對稱的嗎？」

「未必。」小葳搶著回答。「揚揚喜愛阿蘭，阿蘭未必喜愛揚揚。」小葳戲謔的說。

「妳不要人身攻擊。」揚揚回擊。

「我沒有人身攻擊。我是講真理。」小葳理直氣壯的說。

「朋友關係未必是對稱。」揚揚說：「很多人都說胡適是他的朋友。但胡適和這個人可能只有一面之緣，早已經忘記他了，哪裡知道有這個朋友。」

「喜歡關係變成對稱好不好？」殷教授說：「也就是，如果妳喜歡一個人，則他也會喜歡妳，好不好？」

「似乎不錯嘛！」小葳沒經思考就說。

「笨蛋。」揚揚直截了當說：「這樣的話，如果有一個女

生喜歡妳的男朋友，妳的男朋友就會喜歡她，妳高興嗎? 妳的男朋友會有一卡車的女朋友，妳高興嗎? 笨蛋。」

「有一點道理。算你有點聰明。」小葳沒好氣的說。

殷教授說:「和對稱有密切關聯的，是反對稱 (asymmetrical)、抗對稱 (antisymmetrical) 和非對稱 (nonsymmetrical)。我們稱關係 R 為反對稱的，如果 x 和 y 有關係 R，則 y 和 x 沒有關係 R。例如，父親、高於、前面、長官、大於等關係。蘇洵是蘇轍的父親，蘇轍就不會是蘇洵的父親。玉山高於富士山，富士山就不會高於玉山。」

「師生關係是反對稱嗎?」小葳問。

「好問題。」殷教授說:「這個問題，不能一概而論。師生關係可以有多個意義。是否反對稱要就不同意義而定。譬如，現在在維也納大學張三是李四的哲學老師，則李四不會是維也納大學的張三的老師，因為一個人不會在同一時間在同一個大學，同時當老師又當學生。但是，張三是李四高中時代的老師，後來李四也可能成為張三攻讀博士學位的指導教授呀!」

「有道理。」揚揚說:「一個關係具不具有那些性質，常常需要釐清意義來決定。」

「對的。」殷教授繼續說:「我們稱關係 R 為抗對稱，如果 x 和 y 有關係 R，而且 y 和 x 有關係 R，則 x 和 y 等同。例如，$x \leq y$ 而且 $y \leq x$，則 $x = y$; 又如 $x \subseteq y$ (x 包含於 y) 而且 $y \subseteq x$ (y 包含於 x)，則 $x = y$。」

揚揚搶著說:「聽說有一個狂妄的獨裁者說:『朕就是國家，國家就是朕』。他的意思就是要『朕 =（等同）國家』。」

「混蛋。」心直口快的小葳說。

「不要罵人!」揚揚直覺反應說。

「吾愛口德，更愛真理。」小葳理直氣壯的說。

「注意，不要把對稱和抗對稱混在一起。」殷教授說:「抗對稱當然是對稱。但反之，未必然。抗對稱還要加 x 等同 y 的條件。對稱未必合乎這個條件。

還有一個關係是非對稱。所謂非對稱，是指可有對稱，也可有不對稱的。例如，喜愛關係。x 喜愛 y 時，有 y 喜愛 x 的狀況，也有 y 不喜愛 x 的狀況。

二元關係的另一個重要性質是傳遞 (transitive)。我們稱關係 R 為傳遞，如果 x 和 y 有關係 R，而且 y 和 z 有關係 R，則 x 和 z 有關係 R。例如，相等、大於、平行、涵蘊等。x 和 y 相等，y 和 z 相等，則 x 和 z 相等；x 和 y 平行，y 和 z 平行，則 x 和 z 平行；x 涵蘊 y，y 涵蘊 z，則 x 涵蘊 z。祖先關係也是傳遞的。」

「小葳，炎黃是不是妳的祖先?」揚揚問。

「應該不是。」小葳一本正經說:「姑且假定有炎帝和黃帝這兩個人。但他們只是兩個人而已。照常理推斷，他們有更多的敵人，應該不只一百個。所以依機率，炎黃的敵人更可能是我的祖先。」

「詭辯。」揚揚反駁說。

「我不是詭辯，我是思辨，尤其是邏輯思辨、邏輯思考!」小葳一臉嚴肅的說。

殷教授微笑著說:「和傳遞相對的，是反傳遞 (intransitive)。我們稱關係 R 為反傳遞，如果 x 和 y 有關係

R，y 和 z 有關係 R，則 x 和 z 沒有關係 R。例如，母親、屬於、平方等。x 是 y 的母親，y 是 z 的母親，則 x 不會是 z 的母親。$x \in y$，$y \in z$，則 $x \notin z$。x 是 y 的平方，y 是 z 的平方，則 x 不會是 z 的平方。

要注意的，像喜歡、朋友、同學、一致、矛盾等，既非傳遞，也非反傳遞，而是非傳遞 (nontransitive)。我們稱關係 R 為非傳遞，如果 x 和 y 有關係 R，y 和 z 有關係 R，則有 x 和 z 有關係 R 或沒有關係 R 兩種情形。x 喜歡 y，y 喜歡 z，則 x 有喜歡 z 的，也有不喜歡的。x 和 y 一致，y 和 z 一致，則 x 和 z 有一致的，也有不一致的。」

「懂了，懂了。」小葳說：「所以，朋友和親戚關係不能隨便推廣。」

「真是後知後覺。」揚揚說。

「總比不知不覺好。」小葳頂回去。

「有一個重要但常被忽略的關係性質是自返 (reflexive)。」殷教授說：「我們稱關係 R 為自返的，如果對每一 x，x 和 x 自身有關係 R。例如，相等、等值、同年、類的、包含等關係。」

「愛的關係是不是自返呢?」小葳急著問。

「妳說呢?」殷教授反問說。

「我可否把人分兩類。」小葳說：「一類是自愛的人，一類是不自愛的人。對自愛那類人來說，愛是自返的。對不自愛那類人來說，愛是不自返的。」

「有見地。」殷教授說：「我們稱關係 R 為反自返的 (irreflexive)，如果對每一 x，x 和 x 沒有關係 R。例如，大

於、父子、垂直、長官部屬、結婚、南邊等關係。對那不自愛的人，愛是反自返的。還有，我們稱關係 R 為非自返的 (nonreflexive)，如果對每一 x，x 和 x 有關係 R 或沒有關係 R。對整個人類來說，愛應是非自返的。」

「有道理。」小葳說：「我早就想這樣講。」

「妳可不是邏輯裡的未卜先知。」揚揚打趣說。

「哈！哈！」殷教授笑著說：「我們要講最後一個性質了。我們稱關係 R 為聯通的 (connected)，對每一 $x \neq y$ 的 x 和 y 來說，要嘛 x 和 y 有關係 R，要嘛 y 和 x 沒有關係 R。數學裡的 $\leq$ 和 $<$ 關係是聯通的，因為不是 $x \leq y$ 就是 $y \leq x$；不是 $x < y$，就是 $y < x$。」

「如果四海之內皆兄弟姊妹也，則兄弟姊妹的關係是聯通的。」揚揚帶點生命哲學家的味道說。

「互助要是聯通，多好呀！」小葳也小試一番。

星光仍然燦爛，夜已靜了！青蛙叫聲也越來越小了。世界有那麼多關係！

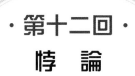

· 第十二回 ·

悖　論

陣 陣 大 雨， 也 出 太 陽

　　午後，下了好幾場的太陽雨，天空呈現詭異的色彩，美得令人目眩。小葳說：「大雨而出太陽，出太陽而大雨。聽說邏輯裡的什麼悖論 (paradox)，也要讓人陷入是而非，非而是；東而想西，西而想東的悖謬的局勢。」

自 古 以 來 就 有 的 悖 論

　　一旁的丘崎教授說：「有有，西方二千多年來，就有所謂說謊者悖論、理髮師悖論等等。我也一直被問題所纏繞，作夢也還被困擾。」

　　「談悖論有什麼用處呢?」揚揚問。

　　「有有。」丘崎教授說：「從輕鬆方面說，它是邏輯裡好玩的思想思辨活動或遊戲。從嚴肅方面說，它會震撼、甚至動搖一個理論，尤其是數學或邏輯理論的深層基礎。」

　　「那悖論到底是怎樣呢?」小葳急著問。

　　「二十世紀初，」丘崎教授說：「受維根斯坦影響很深的，才華洋溢，英年早逝的英國劍橋數學家和哲學家賴姆塞 (F. P. Ramsey, 1903–1930)，把悖論區分為邏輯的 (logical) 和語意的 (semantic)。邏輯悖論只牽涉邏輯和集合的符號，而語意悖論只產生於語言或後視語言 (metalanguage)。我們初步談論悖論，可以不管這個區分。」

說謊者悖論，理髮師悖論

「現有著名的悖論，可以裝滿一卡車。」丘崎教授說：
「聽過鼎鼎大名的說謊者悖論吧?

下面被框起來的語句是真的還是假的?

> 這個被框起來的語句是假的。

假定這個被框起來的語句是真的。那麼，這個被框起來的語
句是假的為真。這樣，這個被框起來的語句是假的。反之，
假定這個被框起來的語句是假的，那麼，這個被框起來的語
句是假的為假。這樣，這個被框起來的語句是真的。因此，
如果這個語句是真的，則它是假的；而如果它是假的，則它
是真的。」

「真真假假，假假真真。我的頭有點昏了。」小葳摸著
頭說。

「這裡講的理路和情況都很清楚，但卻產生悖謬的結
局。我一時也看不出所以然來。到底怎麼辦?」揚揚慢條斯
理的說。

「對這個問題，哲學家已經提出一些解法。但沒有一個
令人十分滿意的。」丘崎教授說：「其實這個悖論已經被改寫
過了。比較接近原來的形態是這樣的，古代有一個人說：

我在說謊。

這個人說的是真話還是謊話？假定是真話，那麼他在說謊
話。因為他在說謊。假定是謊話，那麼他在說真話，因為他
在說謊他在說謊，因此他沒有說謊，所以他在說真話。這樣，
如果這個人說真話，則他說謊話；如果他說謊話，則他在說
真話。這就是鼎鼎大名的說謊者悖論。」

「真假曲折，奇峰異巒，但有點令人傷腦筋。」小葳有
點疑惑的說。

「何只一點。」揚揚也在困惑中。

「實用上，但不是理論上，解決困惑的一個要訣是，再
來一個困惑。」丘崎教授喝一口茶後說：「理髮師悖論，殷教
授有請了。」

「現在假定番路鄉有一個美女理髮師。」殷教授說：「她
替所有而且僅僅那些不自己理髮的鄉民理髮。她替不替自
己理髮呢？」殷教授看看小葳和揚揚，接著說：「答案是都不
是。因為，假定她替自己理髮。那麼，因為她只替那些不自
己理髮的人理髮，因此她顯然不替自己理髮。反之，假定她
不替自己理髮，而是替所有那些不替自己理髮的鄉民理髮，
因此她必定替自己理髮。這樣，兩個可能都導致錯誤。這是
理髮師悖論。」

「還好，我只是來番路度假的，不然我的頭髮不曉得怎
麼辦。」小葳四兩撥千斤。

「不必杞人憂天，至少我是好理髮師。」揚揚很有自信
的說。

「誰敢給你剪，剪壞了你敢負責嗎？對了，什麼是悖論？」
小葳問道。

「什麼是悖論。」殷教授說：「有不少人對這個問題做過討論。但這應該不是悖論的主要問題。我們要關心的應該是被提出來的一個個各別的所謂悖論，它的講法怎樣，它有哪些釐清或解釋的方法，這些方法令人滿意嗎？以及為了解決一個悖論所提出的新理論，是值得追索的嗎？等等的問題。

雖然這麼說，泛泛的講，從一個語句或命題，做合理的邏輯推論，會推出一個矛盾或錯誤；並且同時從該語句的否言，做合理的邏輯推論，也會推出一個矛盾或錯誤。這樣形成的錯誤困局，就是所謂悖論。」

「そうですか。」小葳點點頭說。

「這樣的困局，可以破解嗎？」揚揚問。

「可能有，也有一些破解方法，甚至理論。」殷教授說：「現在，把它當做一個邏輯演練，試著『破』上面的理髮師悖論看看。從有這樣一個美女理髮師的假定，我們能夠導出一個矛盾──她替自己理髮，又不替自己理髮。依導謬法(RAA)，我們的有這樣一個美女理髮師的假定，會是假的。困難的是，在描述這個理髮師的工作條件時，我們不經意的做了不可能的條件，因而消除了有這樣理髮師的可能。這樣，我們卻得到令人訝異但卻真的結論：沒有這樣的美女理髮師。」

「是喔！真令人失望，本來我想請她幫我理的。」揚揚俏皮的張大眼睛。

「你的頭髮，隨便剃一剃就好了。不必勞駕美女。」小葳趁勢損了揚揚一下。

阿奇里斯與烏龜賽跑

雨停了，雲也散開了，太陽也漸漸西行了。倚靠在陽臺的小葳問道：「聽說古希臘哲學家芝諾（Zeno，約生於 490 B.C.）講的阿奇里斯 (Achilles) 和烏龜賽跑的事，也被列為悖論。是嗎？」

原本靜靜在欣賞夕陽的丘崎教授，點頭說：「這是一個有趣的賽事。飛毛腿阿奇里斯和一隻烏龜賽跑。由於阿奇里斯是有名的跑者，所以他讓了烏龜一百公尺。槍聲在時間 T 響起，阿奇里斯瞬間跑進一百公尺。但當他到達烏龜的起點時，烏龜當然不在那裡，已經向前移動一小段了。讓我們說這是在時間 $T + T_1$。阿奇里斯繼續追趕烏龜，而在時間 $T + T_1 + T_2$ 到達烏龜在 $T + T_1$ 時的地點時，烏龜當然不在那裡。於是阿奇里斯繼續追趕烏龜，而在時間 $T + T_1 + T_2 + T_3$ 到達烏龜在 $T + T_1 + T_2$ 時的地點。同樣的，烏龜當然不在那裡。而阿奇里斯繼續追趕，又追趕……。芝諾論證的要點是，阿奇里斯絕不會追到烏龜。」

「烏龜好棒呀，飛毛腿都追不到牠。」小葳說。

「比完之後，牠就跑回大海了。」揚揚說。

「不過實際上阿奇里斯應該會追到烏龜的。」小葳質疑說：「這到底是怎麼回事？」

「事實上，阿奇里斯會追上烏龜，因為他跑得比較快，但芝諾的論證說，他追不上。」揚揚很認真的思考說：「這兩者是不相容的。至少有一方是有問題的。如果我們不接受現

象界這一方──阿奇里斯會追上烏龜，我們不就要認為現象是虛幻的，理念或本體才是真實的了嗎?」

「我們可不必那麼玄。」殷教授說:「現在我們知道芝諾的論證必定有什麼錯誤。其中的關鍵在於，當我們在說阿奇里斯絕對追不上烏龜時，其實涵蘊著:這個比賽會無限長時間繼續下去。但是，如同現代數學顯示的，這比賽不會無限長時間繼續下去。我們描述的(無限個)時間間隔的總和(即 $T_1 + T_2 + T_3 \cdots$) 是有限的，不是無限的。因此阿奇里斯必定會在一個有限長的時間裡追上烏龜。在芝諾的論證中，阿奇里斯決不會追上烏龜，因為他把 $T_1 + T_2 + \cdots$ 加到無限長的時間。」

「原來如此。」揚揚點頭如搗蒜。

「不過烏龜還是回到大海好，別和什麼飛毛腿比什麼賽，暢遊大海，多麼自在呀!」小葳回頭對著揚揚說。

安瑟姆的上帝存在

黃昏時分，傳來山邊廟宇撞鐘的聲響，令小葳想起哲學課上曾經講到的論證。她問揚揚:「你記不記得有一個論證，是歐洲中世紀神學家安瑟姆 (St. Anselm, 1033–1109) 所說的，很有名、有點像悖論的那個關於上帝存在的論證?」

揚揚說:「喔! 我知道妳在說什麼，我來試試看。安瑟姆的意思是說，即使是否定上帝存在的無神論者，為了知道他否定的是什麼，必定能夠想到上帝。假定上帝不存在。然而無神論者仍然能夠把上帝想做存在的，因而能夠想出比

上帝偉大的東西。但依定義，是沒有什麼能夠想做比上帝偉大的。因此，無神論者的假定導致矛盾。所以上帝存在。」

「我想，對宇宙表達虔誠就好了，免得還要去想什麼比它還偉大的。」小葳自顧自的說。

羅素的悖論

太陽已在西邊的海平面上，潭邊尋食的白鶴，也飛向樹林。遠方傳來陣陣念經的聲音，讓人心神寧靜。

站在陽臺觀景的小葳，口中念念有詞：「古希臘偉大哲學家亞里斯多德創造邏輯，是邏輯之父，傳統邏輯之父。二十世紀德國哲學家和邏輯家弗列格是現代邏輯的創造者。而英國哲學家和邏輯家羅素，則是當代邏輯發展中，炒熱邏輯活動的第一大功臣。弗列格、羅素和丘崎是邏輯主義(logicism)一脈相承的邏輯家。」

「妳怎麼會知道這些。」揚揚問。

「我在某本書上讀到的。」小葳說。

「小葳剛才的講述，提醒我們，不要漏掉著名的羅素悖論。」殷教授說：「在二十世紀初，羅素提出一個所謂羅素類(Russell's class)。這個類 R 是由所有不是它本身的分子的類所成的。那麼，R 是它本身的一個分子嗎？它要嘛是它自己本身的一個分子，要嘛不是它本身的一個分子。如果 R 是它本身的一個分子，則它是一個不是 R 的一個分子的類，因為 R 具有僅僅那些不是它本身的分子的類當分子。如果 R 是由那些不是它本身的分子所成的類，則它是一個 R 的

分子的類，因為 R 是由那些不是它本身的分子所成的類。

這每一個選項——R 是它本身的一個分子和 R 不是它本身的一個分子——都產生一個矛盾。因此，我們必須下結論說，沒有一個選項是真的。

這個類產生的矛盾，借用邏輯符號可看得更清楚。羅素類這樣來定義：

對每一個 x，$x \in R$，恰好如果 $x \notin x$。

依代換，得

$R \in R$，恰好如果 $R \notin R$。

這後一式顯然矛盾。」

「到底有沒有這麼一個類呀？幸好我不是類，否則我會陷入悖論。」小葳如釋重負的嘆了一口氣。

「妳還早呢，妳連分子都不是。」逮到機會，揚揚攻其不意。

不自身表述悖論

殷教授說：「最後談一個比較輕鬆的吧！然後，吃點鱔魚麵，喝杯烏龍茶。丘崎教授恐怕還沒吃過呢！嘉南的鱔魚麵，新鮮又美味。」

「我可真是等不及了。」丘崎教授笑瞇瞇的說。

殷教授說：「二十世紀初，格拉林 (K. Grelling, 1886–1942) 提出一個不自身表述 (heterologicality) 悖論。一個字詞叫做自身表述的（heterological，或 autological），恰好如果它可應用到它本身。例如，『中文』是中文，『簡短』是簡

短的，和『四個漢字』是四個漢字。如果一個字詞不是自身
表述的，則它是不自身表述的。例如，『英文』、『四個字』
和『長句子』等。現在的問題是，『不自身表述』一詞是不
自身表述的嗎？如果我們認定『不自身表述』是不自身表述
的，則依上面的形式，『不自身表述』是自身表述的；反之，
如果我們認定『不自身表述』是自身表述的，則依『自身表
述』的定義，『不自身表述』是不自身表述的，這就產生矛
盾。於是形成一個悖論。」

「蠻好玩的。我有一個同學叫美麗。請問『美麗』是美
麗的嗎？」小葳問。

「好問題。不過先點個鱔魚麵再說。別讓丘崎教授久等
了。」殷教授輕鬆的說。

晚霞滿天，飛鳥也回巢了。

第十三回

歧義，含混與定義

山歌與鳥叫，人有語言

這丘陵的果園裡，常聽到人鳥合唱。採橘子的農人唱山歌，求偶的小鳥唱情歌。人有語言，小鳥有嗎？

亙古以來，不論東方西方，都有對語言做或多或少的反省和研究。當代的語言學和語言哲學，更是語言研究的新境界。邏輯研究，可以說是廣義語言研究的一支。邏輯與語言的交互研究，可以寫幾部大書。這裡只講其中滄海之一粟。

霧濛濛，好鄉長，多義

整個冬天和春天，梅山這一帶的山丘都霧濛濛的，一陣霧飄來山莊，隨即又輕輕的飄離遠去。時值農曆過年期間，南部鄉親特別好客，於是熱誠的邀請殷教授和丘崎教授到農家喝春酒，並請三位民選鄉長作陪。

農家主人向客人介紹時，說：「這位是好鄉長張先生，建造很多橋樑道路；這位是好鄉長李先生，鄉民婚喪喜慶無不到場；這位是好鄉長羅先生，千杯不醉。」喝了幾杯梅子酒的丘崎教授，被弄得頭昏腦脹，搞不清楚「好鄉長」是什麼意義。看著丘崎教授迷惘的樣子，揚揚和小葳都在偷笑。

還是殷教授一本正經的說：「一個字詞有多個意義或歧義 (ambiguity)，是常見的語言形態。字詞的歧義有兩種：詞彙 (lexical) 歧義和語境 (contextual) 歧義。詞彙歧義就是字典上列舉的種種意義。例如，『天』字，字典上就列有這些

意義：⑴天空，⑵宇宙萬物的主宰，⑶大自然，⑷宗教家稱神靈所居住的地方，⑸一日稱一天，⑹時節，氣候，⑺古代尊稱帝王。」

歧義，毛利，比肩

沒待殷教授停頓，小葳就問：「我有兩個問題。一，為了使講話精確，不是讓一個字詞只有一個意義更好嗎？二，一個字詞的詞彙意義可能那麼多，好幾個，我們講話的時候，怎麼知道是講哪一個意義呢？」

「我怎麼從來沒有這個問題呢？」有點酒意的羅鄉長不自覺的說。

「大哉問，大哉說。」殷教授說：「第一個是複雜的問題，在這裡只簡單回答。人類需要表達的意義，每天都在變動增減。反之，所編造的字詞每天所增有限，因此需要一個字詞表達多個意義。其次，一個字詞的詞彙意義雖然可有好多，但在具體的使用場合，語境多半會幫助顯示使用哪一個意義。但也常有無法較清楚顯示的情形，這時這一字詞就會產生語境歧義，或邏輯上的歧義。邏輯上所謂歧義，多半指這一意義的歧義，而『好鄉長』就是這樣的歧義。」

「難怪我也會被稱為『好鄉長』。」李鄉長親切的說。

「好。」殷教授繼續說：「假定有一個臺商到紐西蘭的城鎮去開店。最近有一個臺灣朋友去看他，問他說：『最近景氣不錯，你店裡的毛利多少啊？』店主說：『最近多了兩三倍。』這裡，『毛利』就有歧義，它可能指營業獲利，或是店

裡請的紐西蘭原住民員工，也可能是光顧的毛利人顧客。」

「懂了。有一次我陪鄉親到紐西蘭旅遊。那邊的導遊講了什麼東毛利、西毛利，那時候聽不懂，現在我懂了。」張鄉長也爭著發言。

「我也舉個例子。」揚揚說：「在一個宴會上，有一個媽媽跟她鄰坐的朋友說：『你看，我家的小揚跟他們並肩而來。』」

「好例子。說說看。」殷教授說。

「並肩而來，可能有幾個意義。(1)一起並行而來；(2)和那些人接連而來；(3)和那些達官顯要，聲望、地位相等或關係密切而來。」揚揚這樣說。

「臭美。」小葳加了一句。

丘崎教授聽不懂什麼是「臭美」的意思，轉頭對著殷教授聳了聳肩。殷教授笑著說：「歧義也可以分為個人 (personal) 歧義和人際 (interpersonal) 歧義。一個字詞對一個說話者或解釋者是有個人歧義的，如果在語境或因為缺少適當的語境，這個字詞對他有一個以上的意含或應用，而且他在疑惑到底應是哪一意含或應用。說話者在面對這樣的字詞時，會產生混淆、懷疑，或猶豫。例如，假定我有兩個肯亞的朋友，都叫阿比拉。有一天，你告訴我說：『阿比拉要你打電話給他』，我可能會困惑不知道是哪一個。一個字詞在一個語境裡產生人際歧義，不同的人以不同意思使用它，而且都沒有覺察到這個事實。」

「我也來舉個例子。」小葳說：「我的室友在看完報紙後說：『沒有新聞是好新聞』。這裡的『好新聞』至少有三個意

義。一，好看有趣的報導；二，好事；三，好報紙。」

「好例子。」丘崎教授說。

含混，老年人，民主國家

「歧義令人混淆。含混 (vague) 則是不夠清楚。」殷教授
說：「一個語詞是含混的，如果有不能決定它適不適用的情
況，這種不能決定，尤其是由於它的意義，而不是由於情況
的證據不明。例如，在日常談論上『老年人』一詞，就很含
混；因為要幾歲才算老年人，常有無法決定的情形。政府在
訂定老人年金時，必須『規定』幾歲以上為老年人。這只是
特別行事所做的『方便規定』而已。在這個規定之外，老年
人一詞仍然是很含混的。『民主國家』一詞也是含混的。美
國、英國、日本、法國、瑞典等當然是民主國家。肯亞和剛
果等現在當然不是民主國家。但有些國家是不是民主國家，
就很難認定了。」

字面爭論與事實爭論，誰的父親大

這幾天，小葳收到朋友的來信，因為朋友都知道小葳天
生辯才，又聽說，她到嘉南山丘山莊和大師操練邏輯。信上
寫著：「羨慕和大師為伍，操練邏輯，猛暴辯藝，如虎添翼。
虎歸北市，吾等準備硬著頭皮，打到谷底。」

小葳讀後，回信寫道：「大函敬您，與大師操練邏輯多
時，只聞論證百次，未聞論辯也。」

殷教授聽到小葳念到「只聞論證百次，未聞論辯」時，趕緊說：「論辯本來就不是邏輯的本務。如果硬要和邏輯拉關係，它可以說是邏輯的一個應用。

下面有三個小男孩在爭論：

男孩甲：我的父親比你們的父親大。

男孩乙：不，我的父親比你們的父親大。

男孩丙：不，我的父親比你們的父親大。

於是，這三個男孩大吵起來，幾乎打起來。他們的老師來了，問究竟。原來甲講的大，是指高大的大。乙講的，是指肥胖的大。丙講的是地位的大。因為他們使用了各自不同意義的『大』字，而且又以為別人所用的意義是和自己的相同，難怪他們會吵架。這是字面爭論。其實只要弄清楚『大』字的意義，就事實去計較，譬如拿尺去量，拿磅去秤，拿單位或體制去評比，才可說是事實爭論。」

丘崎教授笑著說：「我也舉個例子。有一隻松鼠在樹幹上，有一個男人繞樹而走。松鼠繞樹幹移動，讓這個男人看不見牠，總是正好躲著這個人，讓樹介於兩者之間。請問這個男人有沒有繞著松鼠走？

這個問題讓人爭論很久。其實這是一個純字面的爭論，這種爭論可以這樣解決：在一個意義上，這個人是『繞』著松鼠，因為他從松鼠的北邊移到西邊，然後從南邊移到東邊。但在另一意義上，他沒有『繞』松鼠，因為松鼠始終面對他。一旦我們指出『繞』的這兩個不同意義，就沒有什麼值得爭論的了。」

「對了。」小葳問：「歧義和含混，是不是語言的大缺點

呢?」

　　「這不是『是』或『非』的問題。」丘崎教授說:「語詞的使用，要盡量避免歧義或含混，或是要想辦法消除它。但該使用歧義或含混時，反而要好好使用歧義和含混。解決國際爭端時，為了妥協，常常『故意』使用有歧義或更具含混的字眼訂定條約。在寫作或說話上，也常使用有歧義或含混的字眼，來增添文章或說話的美妙。這是修辭學的學問。

　　但在邏輯上，我們要強調的是，當我們要減少或消除歧義或含混時，要怎麼辦。一個重要的辦法是做定義 (definition)。」

定義，釋迦，字典定義

　　天氣很好，大家想到外面走走。

　　李鄉長提議說:「我家是種釋迦的，要不要到我的果園走走?」

　　「這裡有佛寺嗎? 為什麼佛陀會在鄉長家的果園?」丘崎教授好奇的問。

　　鄉長和殷教授要賣個關子，就是不回答丘崎教授的問題。滿頭霧水的丘崎教授只好帶著疑惑，跟著大家前往鄉長家的果園。

　　「有歧義。」小葳遲疑一下，現買現賣說:「釋迦一詞，依據字典，可有四個意義。(1)印度種族名，佛祖釋迦牟尼是這一種族的人; (2)佛祖釋迦牟尼的簡稱; (3)果樹名，番荔枝科，落葉小喬木; (4)前者果樹長的果實。」

「這是對釋迦一詞所做的字典定義。」殷教授隨機講解。

「我們到底去看什麼釋迦?」揚揚問。

「我們要去看釋迦樹和釋迦果實。」小葳說。

「等一下，相信小葳會對『釋迦樹』和『釋迦果實』做實指 (ostensive) 定義。」殷教授說。

「什麼是實指定義呀?」小葳問道:「常聽說『定義』，到底什麼是定義呀?」

「小葳正要求給『定義』做定義。」殷教授說:「所謂定義是對一個字詞（或其他符號）的使用或意義做一個解說。被定義的字詞，叫做被定義項 (definiendum)；用來解說被定義項的使用或意義的詞語，叫做定義項 (definien)。在前面『釋迦』的定義中，釋迦是被定義項；四個解說是定義項。

字詞有種種不同的使用或意義，為了因應這些使用或意義，我們有種種不同的定義方法或種類。

首先我們有字典 (dictionary) 定義。字典的編者，收集每個字詞在社會上已經通用的使用和意義，依字典的大小做取捨後，列在每個字詞後面。這樣所做的，就是字典定義。前面給『釋迦』所列的意義，就是字典定義。」

稍喘口氣後，殷教授繼續說:「一個報告 (reportive) 定義是要來報告一個字詞的日常或已建立的使用或意義的。例如，『父親』和『首都』二詞的報告定義是:

『父親』的意思是有兒子或女兒的男人。

『首都』的意思是一個國家的中央政府所在地。

字典是報告定義的收集。字典定義是報告定義的一個特別情況。」

實指定義，釋迦，太陽

「定義原來是那麼簡單嗎?」小葳自言自語說。

「可不是，細究起來，也很囉嗦。」殷教授說。

在果園裡，丘崎教授邊走邊東張西望。忽然間，小葳急忙說:「有了，丘崎教授。」手指著樹上綠滾滾的、表面布滿疣突的果實說:「那就是『釋迦』，成熟時，很香甜的。」

「原來如此。那就是釋迦嗎?我到南美洲時，曾經看過。」丘崎教授愉快的說，好像在回憶南美洲之行。

「對，對。」殷教授接過來說:「小葳在此，就對『釋迦』一詞做實指定義。利用指著或其他姿勢，說出一個字詞所稱呼的象目或東西，就是實指定義。」

揚揚搶著說:「假定丘崎教授不知道中文『太陽』一詞的意義。我現在在丘崎教授面前，指著頭頂天上會發亮的球體說:『那就是太陽』。這算不算是『太陽』一詞的實指定義?」

丘崎教授點點頭。

小葳指著她自己說:「『我就是我』。算不算是實指定義?」

兩位教授都愣住了。丘崎教授說:「讓我想一想。這問題不容易回答……。」

「『我就是酒仙。』算不算實指定義?這不難回答吧!」羅鄉長笑瞇瞇的說。

規約定義與分析定義，家

　　在鄉長家的果園採一籃釋迦回到山莊，大家吃得很開心。小葳邊吃邊自言自語說：「沒想到『釋迦』有那麼多意義。做好定義一定有助防止歧義。」

　　「嗯。」殷教授說：「用於防止歧義上，定義可分兩類。其中有的用在描述一個字詞在語言裡已有的意義。這可叫做分析 (analytical) 定義。在這種定義裡，說話者的目的不在改變字詞的意義，而只在徵定它已有的意義。字典定義就是這種定義。

　　為了正確描述字詞的意義，一個分析定義不要太寬；也就是，它不要包含不真正屬於它的東西。也不要太窄，也就是，它不要排除真正屬於它的東西。」

　　「聽說有人把『人』定義為無毛的兩腳動物。這個分析定義怎麼樣？」揚揚有點得意的說。

　　「是好玩。」小葳評論說：「但太爛了。剛孵出來的小雞也是無毛的，但不是人，所以太寬了。頭髮姑且不論，有的人身上也長毛的，所以太窄了。」

　　「聽說有人說：『人是理性的動物』。這個定義又怎麼樣？」揚揚再舉例。

　　「給這個定義的人一定學過哲學。」小葳再評論說：「基本上區分了人和其他動物。但有難點，植物人、發瘋的人或嬰兒有理性嗎？」

　　「不管這些難點能不能解決，」丘崎教授一本正經說：

「這個定義是邏輯的建造者亞里斯多德給的。他可是不折不扣的生物學之父呢!」

「そうですか。」揚揚和小葳同聲說，覺得自己能夠和古代偉大哲學家對話，也很不錯。

喝一杯茶，殷教授接著說:「在防止歧義上，有用的第二類定義是規約 (stipulative) 定義。這種定義是一個說話者宣稱想要在什麼意義去使用一個字詞。也許這個字詞先前沒有意義，或是有不同或較含混的意義。規約定義的要點是，這一字詞現在刻意被賦予一個特定意義。例如，『家』，常有住所、家庭、家族、居住，對人謙稱自己的親屬長輩，和學術的派別等許多意義，可是民法為了特定需要，於是把它規約定義為『稱家者，謂以永久共同生活為目的而同居之親屬團體』。其實，各門各行各業所使用的術語，幾乎都具有規約定義的特性。」

「假定我認為揚揚是一個很聰明的人，但有時候會『藏拙』。」小葳笑著說:「現在我很想用一個美妙的詞語來稱呼他、講他。我可不可以規約定義，稱他為『好笨蛋』?」

「一個規約定義是隨意定奪的。」殷教授說:「也就是說，它只表示在規約的方式裡，說話者使用字詞的意圖。因此，說話者有權以任何想要的方式使用它，只要不造成混淆。」

「好笨蛋和揚揚的聰明會造成大混淆，甚至天下大亂。」揚揚理直氣壯說。

「為了避免混淆，」殷教授說:「一個規約定義不應給一個已有一個意義的字詞，賦予很可能會和這一意義相混淆的一些新意義。」

「看吧，教授都這麼說了！」揚揚連忙對著小葳強調。

精確定義，理論定義，死亡

吃著釋迦的小葳說：「沒想到釋迦的定義會引起那麼多歧義和含混。有點讓人吃不消。那麼多定義，快記不住了。」

「別急。」慢慢品嚐釋迦的丘崎教授說：「我們還有一些定義方法要講呢！不必為這些定義叫做什麼而傷腦筋，只要在實際的具體場合，根據實際的需要，使用最適合的方式去定義就好了。

規約和字典定義是用來減少歧義的；而接下來要介紹的精確 (precising) 定義則是用來減少含混的。我們講過的，一個字詞是有歧義的，在一個語境裡它具有一個以上不同的意義，而且語境沒能弄清楚哪一個才是所要的。一個字詞是含混的，則是指出現了不能決定這個字詞所適用的範圍的情況。

即使就生理或生物學來說，死亡一詞是含混的。法律和醫學倫理上，為了因應時代的需要，需要死亡一詞的精確定義。有的主張說腦死了，人就死了。但什麼時候腦死？醫生和哲學家很困惑這個問題。人腦有兩個區域：大腦和骨幹。一個人的大腦可以永久被摧毀，而失去所有知覺和意識，但腦幹繼續發生功能。這個人死了嗎？腦死了嗎？在保護活病患和器官移植的外科手術法律責任上，這個部分的精確定義顯然是需要的。美國醫學倫理問題委員會曾形成一個定義，計劃消除這個部分的含混：

一個人持續下面情形之一，就是死亡了：

　　⑴循環和呼吸功能的不能復原的停止；

　　⑵整個腦，包括腦幹的所有功能的不能復原的停
　　　止。」

「東方的儒家們不喜歡談死。」揚揚插進來說：「他們說：
『不知生焉知死』。莊子還說：『生死為一條』。他們怕談死，
所以盡量混淆生死。亞里斯多德倒是坦然面對生死，也坦然
面對動物。所以他說：『凡人是動物』和『凡人都會死』。」

「你講的雖然離題，但很有意思。」殷教授說。

「他常常望文生義。」小葳也加注說。

「一個精確定義和規約、字典定義不同。」殷教授接續
說：「因為它的被定義項不是一個新字詞，而是一個已有用
法的字詞，只不過帶著含混的意義。因此，一個精確定義沒
有給被定義項指定任何意義的自由，它必須盡量保持已有
的用法。它的目的在使一個已知字詞更精確。再說，如果要
減少被定義項的含混，它必須超出已有用法。」

喝一杯茶後，殷教授繼續說：「剛才我批評揚揚講的儒
家、莊子和亞里斯多德有關死的講話離題，這個批評應該修
正一下。」

揚揚和小葳聽了有點詫異說：「為什麼?」

殷教授不慌不忙說：「剛剛丘崎教授講的，醫學倫理委
員會對死的定義，是一種精確定義。但像莊子和宗教家對死
的『一大堆說法』，就不是精確定義了。它應該說是一種理
論說明或理論 (theoretical) 定義。

一個字詞的理論定義是一種這樣的定義，它企圖對這

一字詞所要應用的象目 (object)，去形構一種在理論上適當或科學上有用的描述。這樣，提出一個理論定義，等於是提出一個理論。一個著名的例子是，古希臘哲學家蘇格拉底對『正義』(justice) 一詞的解說。他不是對正義一詞做什麼規約定義或精確定義，他是對正義提出一個理論定義。」

「我恍然大悟了。」揚揚張大了雙眼，正經的說：「初學哲學或科學的人，或是一般人，對一些學問的大觀念或大名詞，時常提出疑問，譬如什麼是哲學，什麼是心，什麼是運動，什麼是民主等問題。這些人所期待的，想必是這些觀念或名詞的精確定義。現在我知道了，這些觀念是沒有精確定義，如果有什麼定義，想必是理論定義，也就是要用一個理論才能比較清楚解說明白。」

「我也有點開悟了。」小崴小聲說。

意含定義與範程定義，行星，火星

　　山莊庭院裡傳來小孩的戲笑聲，歌唱聲。大家愈聽愈有味，好像墜入童年的回憶。殷教授若有所思的問：「什麼是偶數？」

「我們又不是小學生。」心直口快的小崴說道。

「凡是可被二整除的數，叫做偶數。」揚揚正經的回答。

「像 2, 4, 6, …100…222 這些數是偶數。」小崴有點不甘示弱的說。

「當然都講得很好。」殷教授說：「我現在不是要講數學。講數學最好請教丘崎教授。我要講的是語言。

一個字詞、或通詞 (general term)、通名 (general noun (name)) 的意義，可從兩個重要層面來討論。一個是，這一字詞可應用或稱指的東西或象目；這些東西或象目所成的聚集、集合或類，叫做這一字詞的範程 (extension)。例如，剛才小葳列舉那些偶數等所成集合，就是偶數一詞的範程，也是它的一層或一種意義。」

小葳聽了笑盈盈的。

殷教授繼續說：「另一個是這一字詞的意含 (intension)；也就是形成這一字詞的範程的所有分子或象目所共通和特有的基本性質、徵性或屬性；這些性質可提供一個標準，用來判定這一字詞的應用是否適當。例如，剛才揚揚講的。偶數一詞的意含是可被二整除的數。」

「溫故可以知新也。」揚揚笑嘻嘻的說。

「那麼，請問『新德里』一詞的範程和意含是什麼？」小葳凌厲的問。

「好問題，而且難度有點高喔！」殷教授說。

「我來小試一下。」揚揚說：「它的範程就是由新德里這個都城當分子所成集合；一個集合也可以由單一的分子形成。它的意含可以說是印度的首都。」

「我講過的。」殷教授高興的說：「學邏輯就是要現買現賣。」

「天下無難事，只怕有心人。」揚揚有幾分飄然的說。

「我們現在又要現買現賣了。」殷教授接著說：「既然一個字詞的兩層意義分為意含和範程，那麼我們要給一個字詞做定義時，也要依實際需要，分為意含定義和範程定義。

我們可利用文字列舉一個字詞稱指的類的一部分或所有分子，給這一字詞做範程定義。例如，我們可給行星一詞定義為水星、金星、地球、木星等等。這種定義也可叫做列舉 (enumeration) 定義或舉例 (example) 定義。在另一方面，我們可敘述一個字詞的通用意含，給這一字詞做意含定義。例如，可給行星一詞定義為有一定軌道繞恆星周圍而運行的星星。」

「我可以給貓範程或列舉定義為我家阿花嗎?」小葳似真半假的問。

「不自量力。」揚揚評語說:「把妳班上同學的貓都列舉出來，也許勉強可以。」

大家笑成一堆。

誘 導 定 義 ， 同 義 詞 定 義 ， 情 書

又是落日餘暉了，每在這個時候，丘崎教授喜歡站在陽臺，瞭望臺灣海峽，吟咏幾首英詩，盪漾著浪漫的情懷。殷教授趁機說:「語言有描述和報導的功能，這是大家都熟悉的。此外，語言還會影響別人的情感和行為，命令別人做事，讚美人嘉惠人，罵人傷害人。」

「難怪小葳每次接到信，就情不自禁的手舞足蹈。」揚揚不忘發揮一下。

「沒有那麼好，每次那樣。」小葳坦白的說:「收到沒興趣的男生的信，我可是不動如山呢!」

「好。」殷教授笑著說:「為解決爭論，為影響講者或聽

眾的態度和情感，在給一個字詞做定義時，不以說明或報告
這一字詞的正規意義為目的，而引進會產生這種影響力的
字詞，這是一種誘導 (persuasive) 定義。

　　在政治爭辯中，常見誘導定義。左派的人，常把『社會
主義』定義為擴大到經濟領域的民主，而右派則常把『資本
主義』定義為經濟領域裡的自由。左右兩派都企圖利用這些
定義來爭取群眾的支持。

　　知道有這種定義，在實用上有兩個『用處』。一個是可
利用它來影響別人的態度、情感和行為；一個是別人利用它
時，你可警覺和防備。」

　　「原來邏輯也可應用在情書的攻防上。」揚揚好像發現
了一件大秘密似的，神秘兮兮的樣子。

　　「好。最後一個要講的是同義詞 (synonymous) 定義。
把兩個字詞以顯示它們具有相同的意義關連起來，就提出
同義詞定義。例如，『犬』的意思是『狗』，『雙親』的意思
是『爸爸和媽媽』，『燕安』的意思是『安逸閒適』，『桃月』
的意思是『農曆二月』等等。同義詞定義常用在學習外語字
詞的意義上。在編英漢、漢英、日漢、漢日字典時，常用同
義詞定義。

　　還有其他定義方法。接下來要介紹……」

　　沒等殷教授講完話，揚揚說：「UCLA 大學一位名邏輯
教授，丘崎教授一定認得他的，他曾說了一句不是邏輯的名
言：『學問太多了，做不完。不要急，慢慢來。停息一下也
可以。』大家猜猜是哪位名教授呀！」

　　大家相顧，笑了。

· 第十四回 ·

類比論證

類比，比喻，光陰似箭

丘崎教授遠渡重洋，來到寶島渡假，已經好多日子了。最近他常站在陽臺，觀賞飛行在潭面上成對的白鶴。剛好小葳也在陽臺上休息，只是她嘴裡念念有詞。於是丘崎教授便轉頭問道：「小葳，妳在說什麼?」小葳說：「我在背誦古詩啦：在天願作比翼鳥，在地願為連理枝。」丘崎教授聽不大懂，疑惑的歪著頭。小葳趕緊解釋說：「比翼鳥是鶼鶼鳥的別名，雌雄並翅齊飛，比喻形影不離的恩愛夫妻。連理枝是兩棵樹交纏在一起的枝幹，比喻夫妻相愛，永不分離。」丘崎教授頻頻點頭：「好詩好詩，中國文學實在太美妙了。」

殷教授出其不意的說：「這首詩所用的修辭法就是類比法 (analogy)。類比一詞有廣狹兩義。狹義的，指類比論證。廣義的，包括比喻 (metaphor) 在內。但類比論證和比喻常交纏一起。我們所談的邏輯，主要講的是類比論證。但為了做一區分，先講一下比喻。

一個字詞或文句固守事實或日常構作或原本的意義，叫做這一字詞或文句的本意 (literal meaning)。一個字詞或文句在特定語境裡，用來表示和它通常表示的類似但不同的東西或事項所顯出的意義，叫做這一字詞或文句在該語境的比喻意義。例如，在『光陰似箭』中，光陰被當成像箭一般飛快的意義。在『願作比翼鳥』中，比翼鳥被當做夫妻恩愛，形影不離的意義。

在文學的創作裡，為了創造鮮活的圖像，常使用比喻。

在哲學、科學中，也常使用比喻。哲學家羅素是創用比喻的世界第一高手。譬如他說：

（例 1）

> 這地球上的生命不但沒有合理的重要性，也顯然是無心的。宇宙的法則似乎是安置來支持與人類的生存十分不相連的一些目的。人因此是一種偶然的副產品，如同火花是一個鐵匠在他的鐵砧上做成的蹄鐵的一個偶然的副產物。火花遠比蹄鐵燦爛，但它們在本質上同樣沒有意義。

在這裡，羅素把人比做宇宙法則的副產品，如同火花是鐵匠打蹄鐵的副產品，沒有什麼意義。」

揚揚接著說：「我的學長說，殷教授是羅素迷，難怪剛剛殷教授會舉羅素的例子。」

「唉，自羅素過世後，整個世界都寂寞起來。」殷教授長嘆一下說。

丘崎教授說：「法國數學家和哲學家龐加列 (J. H. Poincare, 1854–1912) 有這樣的好比喻：

（例 2）

> 科學是拿事實建造的，如同一棟房子是拿石頭建造的，但是如同石頭的堆積不是一棟房子，事實的聚集也不是一門科學。」

丘崎教授繼續說：「至於羅素，我也記得他寫過這樣舉世無

雙的比喻：

（例3）

> 以一樣熱情，我追求知識。我希望了解人的心。我希
> 望知道星星為何閃耀。並且我努力去領會數字依以
> 控制流變之上的畢達哥拉斯的力量。」

「在這裡，」殷教授說：「『人的心』是比喻人間和社會；
『星星為何閃耀』則是比喻科學，尤其物理科學；『數字依
以控制』一句則比喻數理和數理哲學。太棒的比喻了。

應順便一提，現代邏輯的建造者，弗列格的邏輯和哲
學，是經羅素的傳播和發揚，才引起世人注意的。丘崎教授
也是重要的發揚人。他們三位，是邏輯主義一脈相傳的人。」

丘崎教授含笑不語，揚揚和小葳則是投以崇拜的眼光。

類比論證， 歸納強弱， 概然大小

中午過後，揚揚騎摩托車到臺三線路旁買鳳梨。

小葳問：「好吃嗎？」

揚揚很有自信的說：「去年我就是到這個路邊攤買的，
香甜脆，又有水分，很好吃喔！這可是金鑽種呢，而且今年
的雨水、陽光和去年的差不多。所以，我相信我這次買的鳳
梨，一定也會很好吃。」

果然沒錯，這次的鳳梨品質很好，非常香甜，大家都吃
得津津有味。

「很好。」殷教授說：「剛才揚揚做了一個很典型的類比論證和推論。而且現在好吃的事實，顯示這個論證是好的、對的。

我們之前講述的論證，是演繹 (deductive) 論證。一個演繹論證是有效的、正確的，如果它的前提為真時，結論不可能為假。然而，不是所有論證都是演繹的。有些論證並不主張它的結論必定從前提而來，而僅僅是意圖支持它的結論概然或或許 (proble) 為真而已。這類論證，一般叫做歸納的 (inductive) 或非演繹的，最常見的歸納論證，也許是類比論證。前面，我們用有效無效或正確不正確，來評定演繹論證的好壞。現在我們要用概然（機率）的大小、或歸納強弱、或簡稱強弱來評定歸納論證的好壞。

這是一個類比論證的例子：

（例 4）

現在用望遠鏡看到山坡上有一口井（甲）。它和前幾天爬山時看到的另一口井（乙）很相似，它們都有轆轤、繩子和水桶等設備。依兩口井的這些相似點，我們很可以相信，用望遠鏡看到的山坡上的這口井（甲）也會有許多水。

現在設

a 為前幾天看到的井（乙）。

b 為用望遠鏡看到的井（甲）。

P 為轆轤。

Q 為繩子。

R 為水桶。

S 為許多水。

那麼，這個類比論證的形式是：

⑴象目 a 具有性質 P, Q 和 R。

⑵象目 b 具有性質 P, Q 和 R。

⑶象目 a 具有性質 S。

⑷所以，象目 b 也具有性質 S。」

　　殷教授才剛舉完例子，丘崎教授馬上接著說：「臺灣的鳳梨真美味，現在又到產地來，真令人興奮。加州雖號稱水果之鄉，也沒法比。好。有一個常被教科書引用的，蘇格蘭常識哲學家李德 (T. Reid, 1710–1796) 在 1785 年出版的書上寫的類比論證說：

（例5）

　　我們可以觀察我們居住的這個地球，和其他行星——諸如土星，木星，火星，金星，和水星——之間的一個非常大的相似。它們都繞太陽運行，如同地球那樣，雖然以不同的距離和不同的期間。它們從太陽採取所有它們的光，如同地球那樣。它們有幾個已知像地球那樣繞它們的軸旋轉，而依那方式，必定有一個像月夜的連續。它們有些有衛星，這樣在缺少太陽時可以給它們光，如同我們的月亮給我們的。它們在它們的運動裡都受制於相同的引力法則，如同地球那樣。從所有這個相似，那不是不合理的：把這些行星想做，像地球那樣，是種種生物層次的居住地。從

類比的這結論，是有一些概然的。

我相信揚揚和小葳可以很容易寫出這個論證的形式。」

「我來試試看。」揚揚說：「比起前個例子，這個論證比較的項目較多。有六個象目，至少五個主要層面或性質。它的形式可寫成：

(1)地球 (a) 繞太陽運行 (P_1)，從太陽採取所有它的光 (P_2)，依它的軸旋轉 (P_3)，和受制於引力法則 (P_4)。

(2)土星 (b_1)，木星 (b_2)，火星 (b_3)，金星 (b_4)，和水星 (b_5) 具有 P_1, P_2, P_3 和 P_4。

(3)地球 (a) 有生物居住。

(4)所以，其他行星 ($b_1, \cdots, b_5$) 概然的有生物居住。」

「很好。簡單的說，」殷教授喝一杯茶後說：「類比是兩個或更多個象目之間的一種比較，在顯示它們在一個或更多方面的相似。類比論證是從兩個或更多個象目之間的一些相似點，推論到其他相似點。」

「我有一個例子想講一講。其實是羅素的。」小葳藏了很久，不吐不快，說：「古希臘哲學家赫拉克拉多(Heraclitus，約 540–480 B.C.) 有一個非常奇特的哲學說，世界一切無時無刻都在變，因此沒有人可以踏進同一條河兩次。不管這個說法對不對，至今還讓人念念不忘。有兩個現代世界級的師生哲學家，他們的哲學思想也在『變』，但和古代的不一樣，學生維根斯坦有前後兩期截然不同的改變，而兩個哲學都是劃時代的。老師羅素則常常改變他的思想。因此，許多人

就批評他的思想時常前後不一致。身為邏輯家，聽到這種批評還得了。因此他特地提出這樣的類比論證回應說：

(例6)

　　我的批評者似乎認為，如果你一旦提倡某一政策，在所有情況都改變後，你應繼續提倡它。這是十分荒謬的。如果一個人上一班火車，希望到達某一定目的地，而在途中火車拋錨，你不會認為這個人犯不一致之罪的，如果他放棄火車，使用其他工具到達目的地。同樣情形，一個在一定情況中提倡某一政策的人，在不同的情況中會提倡一個十分不同的政策。

這個論證的要點很明確，比喻的修辭也很明白，讓人長久忘不了。我讀了羅素的英文原作，真是一件享受的事。他的英文是頂級的。」

「還用你說。」揚揚插嘴說：「他還是1950年諾貝爾文學獎得主呢！羅素可是結合精準邏輯和美妙文學於一身的世界高手呢！」

「そうですか。」小葳有點驚奇的說。

邏輯強與修辭強，羅素

　　丘崎教授說：「一個類比，可以同時具有邏輯的論證和文學的比喻。但兩者的強度或濃度，有個別類比的不同。邏輯論證要講的是邏輯的保證力和證明力，而文學比喻要講

的是修辭的鮮活力和感動力。羅素的著作中，俯拾即是的類比，經常都具有這兩種力量。

　　當著名的奧地利精神分析家弗洛依德 (Freud, 1856–1939) 說：『類比沒證明什麼，這是真的，但它能夠使人感覺更熟悉』時，他恐怕忽略類比的邏輯力量這一面。或許他所謂類比僅指文學的比喻而已。剛才小葳舉的羅素講的火車拋錨的類比，在修辭上的確很強；在邏輯上，就要看他的前後文了。

　　但我們這裡講的，主要在邏輯強弱這一方面。」

類比論證的評價，相干，摩登和樸素的村姑

　　喝一杯茶後，殷教授說：「論證的談論主要有兩個課題：辨認和評價。前面我們已經講了類比論證的初步辨認。現在我們要進行評價，在評價中可進一步認識在這種論證的特殊結構。

　　設 a, b, c 和 d 為任何象目，P, Q, R 和 S 為任何性質或層面。那麼一個類比論證的形式可簡化如下：

　　　a, b, c, d 都具有性質 P, Q 和 R。
　　　a, b, c 都具有性質 S。
　　　所以，d 概然具有性質 S。

那麼，一個好的，概然大或歸納強的類比論證，要考慮到哪些標準或條件呢？」

「我想想看。」揚揚說：「有了。最重要的條件是 a, b, c 和 d 等這些象目依以相似的性質或層面，必須和 d 具有的性質 S 相干 (relevance)。例如，前面例4所講的，兩口井的相似點：有轆轤、繩子和水桶，與甲水井是否有水，應視為相干的。因為這些特點都顯示出這口井有水，這些工具是用來打水的。此外，如果在這兩口井的旁邊，也有小廟和石像，這些特徵也應視為相干。但如果兩口井邊有大石頭，就很難視為相干了。」

「有理。」小葳接著說：「去年和這次買的鳳梨，都是出於同一家路邊攤，而且都是金鑽種，這些特徵應該都跟它的口味甜美是相干的。但如果以兩次賣鳳梨的村姑都很摩登當相似點，就和這次買的鳳梨之甜美，不相干了。因為顯然，賣鳳梨的村姑是摩登還是樸素，和鳳梨的甜美不相干。但也許和鳳梨的銷售量有關。如果鳳梨姑娘都是辣妹，揚揚恐怕每天都會騎摩托車去買呢!」

「有可能。」揚揚毫不隱瞞的說。

「要是摩托車沒有油，」小葳再說：「他恐怕走都走去。」

「一點也沒錯。」揚揚愈說愈起勁。

「真是敗給你了。」小葳說。

「另外我來補充一下，」殷教授說：「相干和不相干，是邏輯和方法科學上很重要的觀念。不容易講明白。不妨說，如果它們之間有因果關連，或是在人們的一般知識上，認為它們之間有一定重要的關連時，則兩個東西或兩件事之間是相干的。

關於相干，有兩點要注意的：一，雖然什麼是相干，很

不好講清楚，但我們平常思考時，還是要問有沒有相干。做一點反省後，時常可以去掉許多不相干的。二，雖然，有人提出許多證據要證明有利於你的結論，但不要高興太早，因為這些證據可能和結論不相干。反之，雖然有人提出許多證據要證明不利於你的結論，但你也不必急著不高興，因為這些證據可能和結論是不相干的。」

「そうですか。」小葳如釋重負的輕嘆了一口氣。

相似愈多愈強，愈少愈弱

喝一杯茶後，殷教授又問：「在假定講到的相似或不相似的性質或層面都相干的情形下，一個好的類比論證還要考慮哪些條件呢？」

小葳和揚揚兩人互看了一眼，不敢提出想法，於是丘崎教授接著回答：「第二個要考慮的條件是，相似和不相似性質的數目。這也不好講，是要一點周折才能講清楚說明白。就相似性質來說，數目愈多，推得結論的概然愈大，歸納愈強；反之，數目愈少，結論的概然愈小，歸納愈弱。再看前面例 4 兩口井的例子。假定在轆轤、繩子和水桶三項以外，兩口井還有小廟、石像、水溝和樹四項相似。那麼，推得出甲井有許多水的概然就愈大。反之，假定兩井只有轆轤和繩子兩項相似，則推得的結論概然就愈小。

在不相似性質這方面，就不能這樣簡單的講。我們需要就兩個不相似的性質，對所求結論的產生是有利或有害來講。為簡化起見，這裡只講有利、有害和利害相等，而不計

及利害的大小差別。為方便起見，拿前面寫的類比論證的簡化形式來說明。如果不相似的性質對象目 a, b, c 和 d 產生性質 S 的利害相等，則這類不相似數目的增減，不影響 d 具有性質 S 的概然的大小。譬如，假定增加乙井前有小廟，而甲井前有小教堂。這小廟和教堂的不相似，對井有沒有水的利害情形是相等的，因此這類不相似性質的增減，不影響甲井有水的概然大小。如果不相似性質對象目 a, b 和 c 產生性質 S 有利，對 d 產生 S 有害，則這類性質數目愈多，d 具有 S 的概然愈小。譬如，乙井有小廟，而甲井沒有小廟。有廟當然增加井有水的可能，沒有廟當然減少。因此這類不相似性質數目愈多，譬如，前者的井周圍還有綠油油的大樹，後者的周圍則是光禿禿的，則甲井有水的概然愈小。反之，不相似性質對象 a, b 和 c 產生 S 有害，對 d 產生 S 有利，則這類性質數目愈多，d 具有 S 的概然愈大。譬如，剛剛講的情形反過來說，乙井沒有小廟，周圍光禿禿的，而甲井則有小廟，周圍大樹綠油油的，則這個井有水的概然愈大。」

「丘崎教授說得很清楚，相信你們兩個也已經掌握分析邏輯觀念的轉折精髓了。」殷教授講評之後，再問道：「類比論證還有哪些條件要考慮的？我們再請丘崎教授為大家解說。」

類比的象目數目與結論的概然大小

丘崎教授點點頭，說：「第三個條件，是類比象目的數目。首先具有性質，譬如 P, Q, R 和 S 等的象目 a, b, c 等的

數目愈多，則具有 P, Q 和 R 的 d 具有性質 S 的概然愈大。假定爬山看到有轆轤、繩子和水桶，而有水的井不是一個，有好幾個。那麼這種井愈多，則推得望遠鏡看到的井有水的概然愈大。其次，具有 P, Q 和 R 但不具 S 的 a, b, c 等象目愈少，則具有 P, Q 和 R 的 d 具有 S 的概然愈大。假定看到的那種井沒有水的數目愈少，則望遠鏡看到的井有水的概然愈大。」

「そうですか。」小葳和揚揚同聲齊說。

「至於第四個條件就是，相對於前提，結論的謹慎度或結論說了多少。結論說得愈多愈強的，則概然愈小。例如，假如昨天這邊烏雲密布，颳大風，而下大雨，打巨雷。如果今天也烏雲密布，颳大風，而推得說今天會下雨，比說下大雨和打巨雷，概然會大。因為後者說得多、說得重、說得較誇張。」

丘崎教授說：「其實類比論證相關和可講的東西不少。在科學的研究，也常應用類比論證和推理。我現在就來舉個著名的例子。」

梅奇尼可夫的類比論證

喝一杯烏龍茶後，丘崎教授繼續說：「梅奇尼可夫 (E. Metchnikoff, 1845–1916) 是俄國生物學家和生理學家，1908年諾貝爾醫學獎得主。當時他企圖去找預防梅毒的方法時，他做了下面的類比論證和推理。

(例7)

> 梅奇尼可夫發展一種他認為會預防這種疾病的藥膏。他把藥膏擦進猿、猴子和猩猩的皮膚，給牠們預防這種疾病。藥膏擦入後，這些動物沒有發展這種疾病。這樣，梅氏就推理說，猿、猴子、猩猩和人之間會有許多生理學上的相似。這點共同的生理學上的特徵和感染疾病相干。再說，在會影響這藥膏是否有效上，沒有已知相干特徵，是這些動物有而人沒有，或是人有而這些動物沒有的。梅氏也不知道任何具有相同生理性質的生物，而不被這藥膏保護的。由於他已經在許多猿、猴子和猩猩上實驗這藥膏，而已發現它是成功的，他下結論說，這藥膏概然的會保護人。這樣，他說服一個年輕醫學院的學生，以麥森諾夫 (Maisonneuve) 的名字，志願注入梅毒。梅氏給一隻猩猩，一隻猴子和麥森諾夫注入梅毒。然後，他給這學生使用藥膏。猩猩和猴子感染這疾病，但這學生沒有感染。

在這裡，梅氏用類比論證來顯示他發展的藥膏對人有效。」

拿邏輯類比來反駁： 反例

　　小葳吃一片剛剛切好的鳳梨，脫口而出：「好酸。」轉頭對揚揚說：「你不是說所有在臺三線路邊攤買的鳳梨，都是甜的嗎？」

「沒想到的反例，是例外。」揚揚有點不好意思的說。

「我吃的這個還很甜呀！」殷教授接著說：「對了。我們還沒有談反例 (counterexample) 呢，這是邏輯上很有用的一個觀念。所謂反例，是指用來顯示或證明一個語句為假，或一個論證不正確或概然小、歸納弱的例子。

例如，剛才小葳吃的那個揚揚從臺三線路邊攤買回的鳳梨很酸，可以構成『所有揚揚在臺三線路邊攤買的鳳梨很甜美』的反例。我們可用反例來顯示一個全稱 (universal) 語句為假，但不能用反例來顯示偏稱 (particular) 語句為假。例如，可用某一白烏鴉當反例，來顯示『所有烏鴉是黑的』為假。但不可用這隻白烏鴉，來顯示『有些烏鴉是黑的』。順便要說的，我們不可用例子來顯示一個全稱語句為真，除非這個全稱是就某一特定範圍的象目講的，或是已知這個全稱稱指的類是有限的。

反例也可用來顯示論證的不正確或概然小。所謂拿邏輯類比來反駁，是指拿一個類比論證的例子，來顯示或證明一個論證的不正確或概然小。這種例子，就是原論證的反例。」

「對了。」小葳插進來問說：「前面討論的范恩圖解，既可用來顯示類稱三段論證的有效或正確，也可顯示無效或不正確。之前，我們提出如言和選言論證的格式，其中，正確的格式可以推廣為顯示該類論證為正確的一種方法，但不正確的格式，除了直接顯示該格式不正確以外，似乎不能一般的推廣為顯示論證為不正確的方法。這樣，對於該類論證的不正確格式，我們有什麼方法掌握呢？」

「很有意思的問題。」殷教授說：「反例，就是可用來顯示一個論證為不正確或概然小、歸納弱的一般方法。

這裡要講的所謂拿類比來反駁或類比反駁，有廣狹二義。廣義的是，一個對某一論證的類比反駁 (refuting analogy)，是一個和這一論證具有正好相同的形式或模式的論證，但其前提已知為真而其結論則已知為假。狹義的是，這一類比反駁論證，除了和原論證有形式的類比外，還要有所論象目的某些性質之間的對應類比，即相似或不相似的對應。

廣義的類比反駁可用在一般論證，狹義的則用在類比論證。

先舉些演繹論證的類比反駁的例子。試用反例顯示下列論證不正確，即無效：

（例 8）

　　⑴如果 3 大於 7，則 3 大於 5。

　　⑵3 不大於 7。

　　⑶所以，3 不大於 5。

這個論證的形式是：

　　⑴如果 P，則 Q。

　　⑵非 P。

　　⑶所以，非 Q。

在前面討論如言論證時，曾指出這個論式犯了否定前件的謬誤，即不正確。但例 8 的前提和結論，顯然都真，因此這個論證的前提和結論的真假情形，顯示不出這個論式為不

正確。為了要顯示這個論式不正確，我們必須找一個具有這個論式，但前提為真，結論為假的例子。

請看下面的例子：

(例9)

　　⑴如果天下雨，則果園會濕。
　　⑵天沒下雨。
　　⑶所以，果園沒濕。

現在假定前提⑴和⑵都真，但結論⑶可能假，因為果農可能放水灌果園。所以，前提真時，結論可能假。這一反例就顯示了例8的論證不正確，因為它具有不正確的論式。」

「這樣的證明蠻有意思。」揚揚躍躍欲試說：「我也來試一個。用反例顯示下面的論證不正確：

(例10)

　　⑴阿里山在嘉義或是玉山高三千九百五十二公尺。
　　⑵阿里山在嘉義。
　　⑶所以，玉山高三千九百五十二公尺。

這個論證的形式是：

　　⑴ P 或是 Q。
　　⑵ P。
　　⑶所以，Q。

前面提到選言論證時，曾指出這個論式犯了肯定選項的謬誤。例10本身的前提⑴和⑵，和結論⑶都真，因此不會構成這個論式的反例。但下面的例子則可以：

（例11）

　　⑴阿里山在嘉義或是玉山高八千八百四十八公尺。

　　⑵阿里山在嘉義。

　　⑶所以，玉山高八千八百四十八公尺。

　　這個論證具有例10的論證形式，但前提⑴和⑵都真，結論⑶卻假，玉山沒那麼高，所以例11是例10的反例。」

　　「八千八百四十八公尺是世界第一高峰埃弗勒斯峰的高度。」小葳插進來說。

　　「沒錯，看來妳跟我一樣記性好。」揚揚有點飄飄然。

　　「現在應該輪到我了吧。」小葳說：「想到我的小貓，我等不及要舉下面的論證：

（例12）

　　⑴所有貓是動物。

　　⑵有些動物是哺乳動物。

　　⑶所以，所有貓是哺乳動物。

這個論證的形式是（A, B 和 C 都代表類）：

　　⑴所有 A 是 B。

　　⑵有些 B 是 C。

　　⑶所以，所有 A 是 C。

　　從直覺，可知例12的論證不正確，用范恩圖解也容易顯示它不正確。但我要用反例來顯示這點。例12本身不能當反例，因為它的前提⑴和⑵，和結論⑶都真。但下面是一個反例：

（例 13）

　　⑴所有貓是動物。

　　⑵有些動物不吃魚。

　　⑶所以，所有貓不吃魚。

『不吃魚』也是一個類。因此這個論證的形式和例 12 的完
全一樣。大象和長頸鹿不吃魚。因此，前提⑴和⑵都真。但
結論⑶超級假，我家的小貓就超級愛吃魚。因此，這一論證
是上一論證為不正確的反例。」

　　「講得蠻簡潔好玩。」揚揚脫口而說。

　　「邏輯本來就是要簡潔好玩！」小葳有點飄然的說：「但
還有。我還要給正宗的類比論證，提出一個反例。溫故而知
新。現在有下面一個類比論證：

（例 14）

　　⑴爬山看到不同地點的三個水井，都有轆轤、繩子和
　　　水桶。

　　⑵這三個水井都有許多水。

　　⑶望遠鏡看到的那個水井，也有轆轤、繩子和水桶。

　　⑷所以，這個井有許多水的概然很高。

請看下面的反例：

　　⑴爬山看到不同地點的三個水井，都有轆轤、繩子和
　　　水桶。

　　⑵這三個水井都有許多水。

　　⑶但爬山時，在另兩個不同地點也看到兩個水井，有

　　　轆轤、繩子和水桶。

　　(4)但這兩口井一點水也沒有。

　　(5)所以，望遠鏡看到的那個有轆轤、繩子和水桶的
　　　井，沒有水的概然很大。」

　　「我昨天到臺三線買的金鑽鳳梨，每個都很好吃。不會有反例吧。」揚揚輕鬆的說。

　　「但要注意的，單一的現象本身，無所謂反例。」丘崎教授趕緊說：「要看相對於哪一現象，才有構不構成或反例的問題。」

　　「そうですか。」小葳又秀日語了。

　　「叮噹！」門鈴忽然響起，開門一看，原來是小葳的舅舅和表哥來訪。他們帶來兩大包荔枝和鳳梨。舅舅說：「我聽小葳說有兩位大教授到嘉義來，所以我就想來拜訪。這個是我家自己種的，很甜喔！」

　　「阿舅，你怎麼知道水果好吃呢？」小葳質疑。

　　「我跟妳表哥都吃過啦！沒問題啦！」舅舅自信滿滿的樣子。

　　「只有你們兩個吃過，例子太少了啦！」小葳說。

　　「我們全村的人都吃過，都說好吃。妳忘記我爸今年有得獎嗎？」表哥跳出來保證。

　　「那一定很甜囉！謝謝，謝謝。」殷教授連聲道謝。

　　「太棒了，又有口福了！」揚揚隨即轉頭向丘崎教授眨了一眼。

· 第十五回 ·
因果關連：穆勒五法

充分條件與必要條件，春雨與竹筍

　　山莊附近的竹崎，是竹筍的著名產地。丘崎教授知道後，便想到竹園參觀。丘崎教授說：「在美國家鄉很少吃竹筍，更沒有到過竹園。」愛吃竹筍的小葳更是第一個發軔，鼓動大家到竹園嚐鮮。一夥人趁著風和日麗，決定到竹園散步和打打牙祭。正在竹園整理農務的筍農，看到來客之後，非常親切的招待，並且準備竹筍餐，宴請賓客。

　　竹筍美食高手殷教授問道：「今年竹筍豐收嗎?」

　　「春雨多。豐收，豐收。」筍農笑嘻嘻的說：「而且細嫩美味。小孩當兵回來，幫忙鬆土施肥。難得好成果。」

　　一旁的女主人說：「我還常到廟裡進香，才有豐收。」

　　「也該說，前世有修，今年才有好年冬。」筍農也有一番哲學呢。

　　機警的小葳小聲問：「到廟進香和前世有修，和竹筍豐收有關連嗎?」

　　「這個問題如果需要論究的話，是宗教哲學或民俗學的問題。這裡不便講。」殷教授說：「但男主人講的，春雨多、鬆土和施肥，和竹筍的豐收味美之間的因果關連 (causal connection)，則是哲學、科學和方法學上的重要觀念。有兩個觀念要先講的，即充分 (sufficient) 條件和必要 (necessary) 條件。」

　　「對了。我很早就想問這兩個名詞是什麼意思。」小葳插進來問：「常在書上看到，但是總是搞不清楚。」

「在邏輯上，」殷教授說：「如果 P 成立則 Q 成立，即有 P 就有 Q 時，我們可稱 P 為 Q 的充分條件；而稱 Q 為 P 的必要條件，即沒有 Q 就沒有 P。例如，如果一數大於 10 則它大於 9。這樣，大於 10 是大於 9 的充分條件；大於 9 是大於 10 的必要條件。

用方法學的話說，對一個特定事件發生的一個充分條件，是一個有其在場的場合裡，這個事件必定發生。例如，電燈發亮是電流通來的充分條件，因為電燈有發亮，則電流必定有過來。天下雨，也是路濕的充分條件。」

「肚子餓了，是不是想吃東西的充分條件?」小葳問。

「傻瓜才問這個問題。」揚揚不經思考的說。

「難道肚子餓了，你不想吃東西嗎?」小葳有點不服氣的說。

「自明之理還不知道。」揚揚有點神氣的說。

「再說，」殷教授笑著接續說：「對一個特定事件發生的一個必要條件，是一個有其不在場的場合，這個事件不能發生。例如，電流通來是電燈發亮的必要條件，因為電流沒通來，電燈不能發亮。」

「那到底吃東西是不是肚子餓的必要條件?」揚揚似真半假的問。

「自明之理還不知道。」小葳以牙還牙了。

「有幾點要注意的。」殷教授繼續說：「首先，要分清楚充分條件和必要條件。沒分清楚，時常是思想混淆的一個來源。其次，從充分條件推不出也是必要條件；反之亦然。再說，有充分又必要條件的情形。」

「我等不及要舉例了。」小葳說：「簡單說來，可以被 2 整除，是一數為偶數的充分又必要條件。」

「男朋友給妳寫情書，是不是要嫁給他的充分又必要的條件?」揚揚問。

「很難說，我也不說。」小葳四兩撥千斤回答。「再說，下雨是路濕的充分條件，但從這個充分條件推不出下雨是路濕的必要條件，因為不下雨但自來水管破了，也會使路濕。再說，一數大於 7 是大於 10 的必要條件，但從這個必要條件推不出 1 大於 7 是一數大於 10 的充分條件。」

「很好的舉例和說明。」殷教授高興的說。

原因與原因很多，嘉南的風和日麗

除了談邏輯，小葳喜歡逛百貨公司；揚揚則喜歡看布袋戲和溜達廟會；殷教授則喜歡喝烏龍茶；丘崎教授喜歡臺灣嘉南的風和日麗和水果的芳香。為什麼呢? 原因很多。

丘崎教授說：「原因一詞，意義很多。這裡要談，是哲學和方法科學方面的。有人把一個東西或事件的原因，單純當做使它發生的充分條件。例如，筍農把春雨多、鬆土和施肥，當竹筍豐收質美的原因。」

「丘崎教授好像還在懷念竹筍餐。」小葳小聲說。

「另一方面，」丘崎教授繼續說：「有人把一個原因想做一個致使什麼發生的一個必要條件，或是把致使什麼發生所需要的所有必要條件的總和，想做是它的完整原因。」

「我喜歡邏輯，而且學邏輯和騎腳踏車一樣，輕鬆自

如。」小葳舉例說：「兩位教授的循循善誘，揚揚有理和無理的激盪，和爸媽賦予給我的天生傾向，我要感謝所有這些必要條件。」

「感謝也要當必要條件呀?」揚揚問。

「當然，這給我很大的動力。」小葳很自在的說。

「再說，」丘崎教授繼續說：「我們也常在統計意義上講原因。例如，常說，抽煙或吃檳榔是多數口腔惡疾的一個概然原因。

在許多科學發現裡，預設了因果關連的觀念。伽利略的自由落體 ($h = 1/2gt^2$) 就是一個例子，即，一個物體落地的時間，和距離、重量之間是有因果關連的。」

「星座與人的運數之間有沒有因果關連啊?」小葳突如其來的問。

「簡單就一個人的星座與他的運數之間來說，」丘崎教授認真的說：「姑且假定一個人生來就有某一個對應的星座吧。但是，可知道一個星座離我們有多遠呀! 其距離要以萬年的光速來計。離人那麼遠，即使有也不會大，而且更重要的，沒有人知道是怎樣的關連。」

「在科學上，我不相信這種關連。」揚揚插話說：「但在愛情故事上，不妨連連看。」

「對了。」丘崎教授說：「在傳統上，還有近因 (proximote cause) 和遠因 (remote cause) 之分。在一個若干事件的因果序列或連串裡，譬如因 A 而 B，因 B 而 C，因 C 而 D，和因 D 而 E 裡，我們可以把它視為是任一或所有在先事件的結果 (effect)。其中最近的，D，是 E 的近因，而其他的則逐

次為遠因，*A* 比 *B* 遠，*B* 比 *C* 遠。」

「我喜歡邏輯，並且學邏輯如同騎腳踏車爽快的最遠因，應該是兩千三百多年前，亞里斯多德創建邏輯和教邏輯。對吧!」小葳有這樣念天地之悠悠的奇想。

「很有歷史的宏觀。」殷教授慢慢說。

「還好，沒有把星座的產生當最遠因。」揚揚按捺不住的說。

「如同我們看到，」丘崎教授一本正經說：「『原因』一詞有若干不同的意義。只有在充分條件的意義裡，我們能夠合法的 (legitimate) 從原因推論到結果。而且只有在必要條件的意義裡，我們能夠合法的從結果推論到原因。在推論是從原因到結果而且也從結果到原因這兩者時，『原因』一詞必須用在『充分又必要條件』這意義上。我們要知道的，沒有單一的『原因』的定義符合該詞的所有不同的使用。」

「了解了。」揚揚和小葳高興的同聲說。

因果律與自然齊一性，天下為一條

竹園附近，也種有許多木瓜。筍農說：「在樹上黃的木瓜最甜了，鳥也會來搶著吃。」

小葳問道：「木瓜會不會像蘋果那樣，成熟的時候，自動掉下來?」

「會喲!」筍農說。

「蘋果比較小，牛頓的頭恐怕也比較硬。蘋果掉下來，牛頓不怕被擊中。木瓜比較大，掉下來時，不怕頭被炸開

嗎?」小葳開了一個玩笑。

「沒問題。」筍農說:「我不怕,我有斗笠。」

「牛頓在樹下看蘋果掉下來,悟出許多自然律。」小葳再問:「在樹下看木瓜掉下來,想必悟出一些大道理吧?」

「對。」筍農說:「就是趕快摘木瓜,搶個好價錢。」

「有道理,有道理。」連丘崎教授也說了:「『原因』一詞的使用,不論在日常生活,或是在科學,都涉及或預設一個學說,原因和結果都齊一的 (uniformly) 關連在一起。也就是說,『將來會和過去相似』,即什麼事一旦發生,將會再發生,如果場合充分相似的話。這是所謂自然齊一性 (uniformity of nature),或自然同樣性。」

「莊子說:生死為一條。」揚揚進一步說:「也許我們可說天下為一條。」

殷教授深思一下後說:「可也。」

「誰知道自然是齊一的?」小葳追著問。

「雖然迄今沒有人證明過,其實也沒有說清楚過。」丘崎教授說:「但過去許多哲學家和科學家都『相信』它是真的,很紅。但後來大家發現,科學的研究和定律,不依據它(但不是違反它)照樣通行無阻。因此現在很少提它了。」

「哲學和科學,也有不紅的時候啊。」小葳自言自語。

「某一個哲學或科學學說,可能只紅極一時。但整個說來,哲學和科學,還是人類文明的大支柱、大潮流。」丘崎教授一本正經說。

「所謂自然齊一性,是不是說,遍及宇宙,事件都會以相同模式重複發生,或是說,自然到處都是一樣的?」小葳

再問。

「可以這麼說。」丘崎教授點點頭。

「對了。自然齊一性有一孿生兄弟，叫做因果法則 (causal law)。每一講到因果律好像就要提到蘇格蘭哲學家休姆 (David Hume, 1711–1776)。為什麼?」揚揚問道。

「所謂因果法則，」丘崎教授說：「簡單的說，諸如此類的場合總是伴隨諸如此類的現象。也就是，世界人間，現象先後相續，有果必有因，有因必有果。好像因果之間必有某種必然的物理連繫著。」

「我覺得愈想愈有耶。」小葳說：「反正我的直覺就這樣覺得。」

「你看，那樹上的木瓜是不是熟黃了?」揚揚問。

「對呀。那一定很好吃。」小葳說。

「笨蛋，那不是熟黃，而是被小鳥吃了，變成臭黃。」揚揚說。

「不錯，以前，哲學家和科學家多半相信或默默認定，有這種必然的物理連繫存在。」丘崎教授說：「但到了休姆，他卻不這麼認為，他論證說，既沒有也不須有任何真正的物理必然。因果必然的觀念或擬似觀念，其實只不過是我們自己的心理投射的空虛影子而已，大家口中的因果法則，其實只是一種非必然的恆常連合的規律性罷了。」

「休姆的說法，在經驗上比較容易說明或證明，因此可靠的概然較大。」揚揚做了註解。

「好說法。」丘崎教授說。

「難怪休姆會成名。」小葳也添了一點。

穆勒五法， 尚同法， 拉肚子

喝了一杯茶後，丘崎教授繼續說：「十九世紀著名的英國思想家和哲學家穆勒 (J. S. Mill, 1806–1873)，在他的名著《邏輯系統》(System of Logic) 裡，對因果關連的發現和辯護，提出了五個方法組。這些方法的形成雖不是完全由他創作的，但卻由於他的重塑和宣揚，而聞名後世。今天各行各業，各種學問領域，雖然有它們自己的更精細的方法和技術，但穆勒五法，仍不失為各種領域的共同的、有用的初步方法。所以，等一下我們要討論它。還有，穆勒是近代方法科學的宗師，這五個方法，經由邏輯教本的重提和宣導，也成為方法科學的文明傳統，所以也要稍作說明。」

「成為宗師那麼好，後世都會免費替他們宣揚和宣傳。」小葳自言自語說。

「宣揚宗師的思想和學說，說不定也會流芳萬世呢！」揚揚也下了小評語。

「對對，流芳萬世比無名小卒好。所以，要努力宣揚。」小葳也有相應的小評。

笑著喝了一杯茶後，丘崎教授說：「穆勒的第一個方法是尚同法 (method of agreement)。最好用例子來介紹。

（例 1）

假定某班的一些學生嚴重生病，嘔吐和拉肚子。醫務室想要查看原因。半數生病的學生接受訪問，要找出

開始生病那天，他們吃了什麼。第一個學生吃了花生、地瓜、青菜和魚；第二個學生吃了花生、地瓜、玉米、青菜和魚；第三個學生吃了花生、玉米、青菜和魚；第四個學生吃了花生、玉米、海帶湯、青菜和魚；第五個學生吃了地瓜、玉米、海帶湯和魚。

為使這個情資更方便使用，我們可做一個表，使用大寫字母 A, B, C, D, E, F 分別表示吃花生，地瓜，玉米，海帶湯，青菜和魚這些先行情況的出現，並使用小寫字母 s 表示疾病現象的出現。下表可用來表示五個學生受檢『事例』所得情資：

事例	先行情況						現象
1	A	B			E	F	s
2	A	B	C		E	F	s
3	A		C		E	F	s
4	A		C	D	E	F	s
5		B	C	D		F	s

從這些資料，我們應該很自然推得，情況 F 會是現象 s 的原因，也就是疾病概然由於他們吃了餐廳提供的魚。但要注意的，如同任何其他演繹論證那樣，這些前提並未證明這個結論，但它的確把 A, B, C, D 和 E 消去當概然的原因，因為它們缺現（即，沒有出現）時，也顯示有 s。這類推論，就使用了尚同法。

穆勒自己的一般形構是：

> 如果在查究中的現象的兩個或更多實例，只有一個
> 共同情況，這個所有的實例單獨尚同的情況，是這個
> 現象的原因（或結果）。

換句話說，如果我們發現兩個或更多實例，在其中有個現象
P 發生，而且只有一個另一現象 Q，在這每一實例中出現，
那麼，我們能夠下結論說，P 和 Q 有因果關連（即 P 是 Q
的原因）。

穆勒自己的例子是：

（例 2）

> 在其中物體顯出一種結晶結構的實例，被發現共同
> 具有僅只一個這樣的先行情況——即從一個流體凝
> 固過程——的實例在前。

這樣，這個先行情況是這結晶結構的原因。換句話說，所有
觀察到具有一個結晶結構的象目，都發現具有一個而且只
一個其他的因素，即它們從一個流體凝固而成。穆勒使用尚
同法，下結論說，從一個流體凝固而成 (Q) 是它們結晶本性
的原因。」

喝一杯茶，殷教授說：「設大寫字母代表先行情況，小
寫字母稱指出現的現象，尚同法可以簡單表示如下：

> A, B, C, D 與 w, x, y, z 一起發生。
> A, E, F, G 與 w, t, u, v 一起發生。
> 所以，A 是 w 的原因（或結果）。」

　　小葳說：「前面例 1 裡，拉肚子的說不定都是女生。可能有一個好事的男生，把他家前幾天拜拜過的餅乾，偷偷拿來對那五位女生獻殷勤。在接受查問時，她們以為只需講出正餐吃了什麼，零食不算。但很可能拉肚子的原因，其實是吃了餅乾，而不是吃了魚。」

　　「有可能。」殷教授說：「尚同法是歸納論證，結論只是概然的。」

　　「要更精確的結論，不是可把那些食物和病患的嘔吐物拿去化驗嗎?」揚揚說。

　　「講過頭了。」小葳說：「穆勒那個年代一定還沒有科學的化驗，不然還用你說。二千年前的亞里斯多德時代，還沒有飛機，不然他一定會像丘崎教授，接受我們的邀請到臺灣。」

　　「如果他來的話，臺灣可能不叫臺灣，而叫亞里斯多德了。」揚揚很認真說。

　　小葳給揚揚一個白眼，教授們看了都笑了。

差異法，沒拉肚子

　　喝杯茶後，殷教授說：「喝茶最好，玩味，養神，健壯肚子。穆勒的第二個方法是差異法 (method of difference)。這個方法也常應用於前面尚同法例 1 所描述的情形。

（例 3）

　　如果進一步檢查該班，發現許多學生生病那天，有一

個學生只吃了花生、玉米、海帶湯和青菜，而沒有生
病，則把這情形和所述第四個學生的情形比較，是有
用的。用『實例 k』稱指這最後一個學生，用例 1 表
相同的簡寫，可製一個新表如下：

實例	先行情況						現象
4	A		C	D	E	F	s
k	A		C	D	E		

從這些新資料，我們可以自然的推得情況 F 會是致使 s 的
原因。也就是這疾病的產生大概是因為吃了魚。這是使用差
異法的一個推論。

穆勒自己寫這個方法說：

> 如果一個在其中查究的現象發生的實例，和一個在
> 其中這個現象沒發生的實例，除了一個情況──這
> 個情況只在前者發生──以外，具有每個共同的情
> 況，那麼這個單只在其中這個實例有差異的情況，是
> 這個現象的原因、結果或原因的一個不可少的部分。

換句話說，如果有一個因素 Q，當 P 出現時出現在一個實
例，而當 P 缺現時缺現在一個實例，而這兩個實例在每一
個其他（相干）層面都相像，那麼 P 是 Q 的原因，或 Q 是
P 的原因。

穆勒自己的例子是：

（例4）

　　一個充滿活力的人被射穿心臟；他受傷而死。受傷是
　　僅有的不同情況；因此，他的死是因受傷。

換句話說，一個人受傷的情況 (Q) 出現在他死的一個實例
裡，而缺現在他活著（P 的缺現）的一個實例裡，而這兩個
實例——即他的受傷和死（Q 和 P）和他的沒受傷和沒死
（Q 和 P 的缺現）——在每個其他（相干）層面都相像。」

　　「再次用大寫字母代表情況，小寫字母稱指現象。」揚
揚趕忙說：「可把差異法簡單表示為：

　　A, B, C, D 與 w, x, y, z 一起發生。
　　B, C, D 與 x, y, z 一起發生。

所以，A 是 w 的原因、結果或不可少的原因的一部分。」

　　「對了。」小葳等不及說：「前面例 3 講的吃魚是拉肚子
的原因，應該是就必要條件，而不是就充分條件講的原因。
因此，比較好的講法似乎是：吃魚是拉肚子的不可少的部分
原因。」

　　「很好的評注。」殷教授說。

　　「我們班上有一小撮人，常成群出去溜達。」小葳繼續
說：「沒我參加，帶隊歡唱，大家就像進廟燒香，靜悄悄的。
使用差異法，我的出現似乎是大家歡唱不可少的原因。」

　　「臭美。」揚揚直覺的說。

　　「事實勝於雄辯。」小葳驕傲地聳了聳肩。

同異交比法，吃和沒吃生魚片，食物中毒

喝一杯茶後，殷教授說：「其實，在日常生活中，人們也常不知不覺使用尚同法和差異法來做推論。甚至，結合這兩個方法一起使用。結合使用比單一使用更有力量。穆勒的第三個方法就是這種同異交比法 (joint method)。他自己的寫法是：

> 如果在其中這現象發生的兩個或更多實例，只有一個共同情況，而在其中這現象沒發生的兩個或更多實例，除了該情況的缺現外，沒有什麼共同的，則這個在其中惟獨這兩組實例有差異的情況，是這個現象的結果，或原因，或原因的一個不可少的部分。

這個方法的模式可寫成：

A, B, C——x, y, z　　　A, B, C——x, y, z

A, D, E——x, t, w　　　B, C——y, z

所以，A 是 x 的結果，或原因，或原因的一個不可少的部分。下面是一個例子：

（例 5）

> 班上有六個人到一個自助餐廳吃飯。飯後有三個人食物中毒。探究發現，三個中毒的人都吃了生魚片。

依尚同法，生魚片會被認為是中毒的原因。為慎密起
見，進一步比較有中毒的三人和沒中毒的三人，做雙
重檢查。發現沒中毒的唯一共同點是：沒吃生魚片。
用 *A* 代表吃生魚片，其他大寫字母代表吃其他食物；
p 代表有中毒。

上述情形可例示如下：

實例	先行情況				現象
1	*A*	*B*	*C*	*D*	*p*
2	*A*	*E*	*F*	*G*	*p*
3	*A*	*D*	*H*	*J*	*p*
4		*B*	*D*	*K*	
5		*C*	*F*	*L*	
6		*I*	*J*	*M*	

從這資料，可以概然得到 *A* 即吃生魚片，是 *p* 即中毒的原
因。」

「有一種可能。」小葳質問說：「那三個中毒的人是因在
正餐之外，吃了不新鮮的餅乾而中毒，不是因為吃了生魚
片。」

「有這種巧合。但在檢查這三人以外，如同這個例子，
再檢查其他三個沒吃生魚片的人，除非這另三個人也巧合
的沒吃到餅乾，否則會因交比檢查或雙重檢查，而不會驟下
斷語說，吃生魚片是中毒的原因。」殷教授回答說。

揚揚和小葳都點點頭。

剩餘法，海王星的發現，山羊的大小便

　　很多人從自然課本裡，學到太陽系有八大行星。其中除了地球，人們常提到的是火星，因為現代的科學家一直想知道火星上是否有水分和生物。海王星也很常被人提及，因為它的發現常被拿來當穆勒的第四個方法，即剩餘法 (method of residues) 的應用例子。

　　看看蔚藍的天空，丘崎教授有感而發：「要講穆勒的第四個方法，即剩餘法了。觀察或受驗的實例可分兩種。一個所論現象在其中發生的實例，叫做正實例；而所論現象在其中沒發生的實例，叫做負實例。

　　剩餘法可以解釋為是差異法的一種變體，其中負實例並沒有被觀察到，而是依據已知因果法則所構作出來的。

　　穆勒自己寫的是：

　　　　從任何現象減去從前藉歸納而知道為某些先行情況的結果那部分，而這個現象的所剩餘，乃是剩餘先行情況的結果。

我們請揚揚簡單列示一下。」

　　「設大寫字母代表先行情況，小寫字母稱指現象。」揚揚說：「我們可把剩餘法簡單列示如下：

　　　　A, B, C——x, y, z

B 已知為 y 的原因

C 已知為 z 的原因

所以，A 是 x 的原因。」

「好。」丘崎教授說：「我們來舉一個利用剩餘法推測出海王星存在的例子：

（例 6）

天王星在 1781 年被發現。在這年代和 1820 年之間，科學家做了觀察，構作了天王星、木星和土星的運行表。然而天王星沒有遵守理論的預期來運行。相反的，其運行的不規律程度，大到讓人誤以為是觀察誤差所造成。可是事實上觀察並沒有誤差，天王星的不規律運行是由其他因素造成。科學家於是假設，擾亂天王星的，至少有一部分是由於一些未知的行星。兩個數學家，法國的雷瓦里 (Leverrier, 1811–1877) 和英國的亞當斯 (Adams)，在 1843 和 1846 年之間，研究這個問題，而分別獲得幾乎同一的結論，即辨認了被預期的行星。

現在可用剩餘法的符號顯示這個例子，如下：

太陽 A	行星 B	衛星 C	未知行星 D	跟隨的	天王星的運轉 w, x, y, z
太陽 A	行星 B	衛星 C		跟隨的	天王星的運轉（藉歸納而知的） w, x, y

因此，在天王星『z』的軌道裡剩餘的影響，是因未知的行

星『D』或海王星而成的。」

　　丘崎教授特別強調:「剩餘法不是嚴格的歸納方法。如同例子裡講的，這些結果是依數學計算和演繹達到的。再說，雖然問題的引起依靠觀察，和結果的最後確認依靠先前的歸納，但剩餘法不是實驗方法，因為因素無法被操控。它是差異法的一種變體，它是穆勒在差異法不能應用的情況下，所變通改採的方法。雖然有這些限制，但當做一種技術，它還是非常豐富的，尤其在天文學。」

　　「在果園或許也可以使用剩餘法。」小葳似乎有心得的樣子說:「到果園散步，果農指著一棵龍眼樹說『這棵龍眼樹，比去年產得多，又比去年的甜香。但是依照我的記錄，去年和今年的雨量、氣溫、陽光、颱風、除草、施肥等都差不多。不知道為什麼今年的龍眼比去年的，香甜很多?』他一直沒找到原因。他說:『也許是「天意」、「媽祖有保佑」。』可是我在樹周圍走來走去，發現有不少山羊脫落的毛。於是我問果農:『會不會是因為山羊來樹下休息的關係。』他說:『對，以前沒有山羊來休息的。那就對了。很可能是山羊的大小便，灌溉了這棵龍眼樹。果然是天意，媽祖的保佑。』」

　　「你說的山羊大小便故事，可以和剩餘法媲美。」揚揚也不得不讚美一番。

　　大家都笑了。

共變法，月亮，潮汐，思鄉

　　喝一杯茶後，殷教授說:「共變法 (method of concomitant

variation) 是穆勒的第五個方法。根據這個方法，如果一個現象在量或程度上，以某一規律隨另一現象的量或程度而變化，則這兩個現象有因果相關。例如，抽煙和肺惡疾之間的關係。調查顯示，抽煙和肺惡疾死亡之間有直接關連。抽煙愈多，更常得肺惡疾。還有，氣壓和氣壓計裡汞柱的高度有因果關連。這裡，兩者之間有直接的量的關連。」

丘崎教授說：「穆勒曾以月亮和潮汐作為例子。他說：

（例7）

當我們發現，所有月亮位置的變化，都跟隨對應的潮汐高潮的時間和位置的變化，這位置總是或是最接近月亮的地球那部分，或是最遠離月亮的地球那部分。我們有充分的證據說，月亮是決定潮汐的全部或部分的原因。

對共變法，穆勒自己寫道：

不論什麼現象以任何方式變化時，另一現象會以某一特殊方式變化的話，則前一現象是後一現象的一個原因，或一個結果，或兩者經某一因果關連的事實關連一起。」

「如果用加減號表示在一個情境出現的一個現象變化的更大或更小程度，」揚揚想出一些主意說：「可把這個共變法簡單列示如下：

A, B, C——x, y, z

$A, +B, +C$——$x, +y, +z$

$A, -B, -C$——$x, -y, -z$

所以，A 和 x 是有因果關連的。」

「很不錯。」丘崎教授說：「穆勒的共變法顯然並不是說，不論什麼時候觀察到現象之間的共變關係時，其中之一必定是另一的原因或結果。有許多共變關係不是因果的。然而，顯然每當觀察到共變時，諸如潮汐和月亮，太陽和熱，氣溫和地高，我們就會猜測，在它們之間，或它們與其他因素之間有因果關係的概然性。這樣，共變法可以用來引進決定因果律存在的變數。除了僅只觀察共變，我們似乎要求用一個法則來說明為什麼共變存在。」

從竹園回到山莊，已近傍晚。晚餐過後，大夥又在陽臺上吹涼風、聽蟲鳴。月亮慢慢升起，輪廓帶著一點淡黃色澤，十分雅緻。

丘崎教授時而抬頭，時而踱步，好像心事重重的樣子。小葳小聲的對揚揚說：「你看，丘崎教授是不是『舉頭望明月，低頭思故鄉』呢?」揚揚說：「嗯，明月與人們的思緒和鄉愁之間，應該存在一種不變的共變吧!」

靈巖寺，霧，太陽

天晴，站在山莊的陽臺向東邊一望，便可看到遠山叢林中的靈巖寺。殷教授四人早就想去參訪，今天特別整裝一番，打算來拜訪和尚。經過一山的美色，一行人來到靈巖寺的大殿。丘崎教授生平首次走進佛寺，瞻仰釋迦牟尼大佛。他凝神好久，浸淫在佛寺莊嚴的氣氛裡。揚揚與小葳站在大殿外的廣場上，向西看去，遼闊的嘉南平原就在眼前。

一位和尚親切走來，說：「今天特別晴朗，可以清晰看到遼遠的大平原。這裡時常霧茫茫的，要等到太陽高升，才慢慢看到周邊的山林，眾鳥的飛翔。」殷教授點了點頭，和尚繼續說：「人的思想清晰是好的，心淨如鏡。但人間起伏，偶爾朦朧，也是一境呀！」丘崎教授和殷教授聽了，若有感悟的抿嘴微笑。

謬誤，大道甚夷，而人好徑

喝了佛寺的奉茶，殷教授說：「古代哲學家老子說：『大道甚夷，而人好徑』。這話可以解釋說，大道是很平坦的，而有人卻喜歡歧路小徑。」

「我可不可以這樣講，」小葳急忙說：「正確的論證和推理，是堂堂向前走的，可是有人卻會七拐八折，做錯誤的論證、推理的歧路。」

「有觀念、有見地的引申。」殷教授說：「人們常有意無

意做論證和推理，但好的少，壞的多。柏拉圖就說：『論證，像人那樣，時常是偽裝者』。」

「難怪我常覺得許多人做的論證不對勁。」小葳插進來說，順便瞄了揚揚一眼。

「你自己講的還不是不怎麼樣！」揚揚不服氣的回應。

「好。」殷教授繼續說：「先前，我們討論要如何做出好的論證和推理，如何走在論證和推理的大道上。現在我們要討論的是論證可能會有的歧路，以及如何避免誤入歧路。

謬誤 (fallacy) 一詞，一般的意思是錯誤。但在邏輯裡，主要用來指一個有錯誤的論證和推理，尤其是指有某種類型錯誤的論證。一個顯示出有一個某種類型的錯誤的論證，說是犯了該謬誤。由於每一個謬誤是一個類型，因此有不同的論證，會犯相同的謬誤，在推理裡顯示出同類的錯誤。

兩千三百年前，邏輯創始者亞里斯多德就開始討論謬誤，但直到二十世紀中葉以前，只在教科書的幾節或一兩章裡提到這個議題，八十年代以後，才有成書專門討論。

推理會以許多方式走入歧路；論證有許多種錯誤。在邏輯裡，我們習慣把『謬誤』一詞保留給那些不正確，但在心理上卻有說服力或魅力的論證。謬誤的論證是危險的，因為我們時常會被它愚弄。一個謬誤可以說是某一類型的論證：看起來似乎正確，但經檢查、證明，卻不是如此。注意和討論這些錯誤的論證是有用的，因為它設的或造的陷阱，在被好好了解以後，可盡可能被避免。事先預警，事先準備。」

「這麼說來，一個論證之有勸誘或誘惑人的力量，和在邏輯上令人心服口服的性格，是有區分的！」小葳趕忙回應。

「是，是。」殷教授點頭說：「這也是我們要花點時間講解謬誤的一大理由。好的數學老師在講解如何正確演算和證明時，也要提醒學生不要弄錯一些演算和證明。早期現代邏輯家狄摩根 (A. De Morgan, 1806–1871) 說：『無論現在或是未來，把人們犯錯的方式加以分類，都是不可能的。』」

「有理喲。人們常錯誤得亂七八糟。」小葳說。

「對的。」殷教授繼續說：「至於謬誤有哪幾類，到現在仍沒有定數。但是幾乎每個邏輯家都會將謬誤區分為形式的 (formal) 和非形式的 (informal) 兩大類。一個形式的謬誤是一個可以僅僅靠檢查論證的形式或結構查出的謬誤。其實，這主要是指一些容易犯錯的演繹論證的模式；我們在講如言論證和選言論證時，曾經指出一些，例如否定前件的謬誤，肯定選項的謬誤等。而一個非形式的謬誤則是一個不能僅僅靠檢查論證的形式或結構就查出，而必須以一些其他方法才能查出的謬誤。

現在我們要講的是非形式的謬誤。」

相干，不充分，歧義，因明學

一旁幫忙倒茶的和尚，聽大家的討論，聽得很入神。好奇的問：「諸位大德講邏輯，講不講印度哲學或佛學裡的因明學？」

「哈！哈！」殷教授說：「因明學？我們是門外漢。據說因明學也是講論證，和與論證、辯論有關的一些語言的分析。以後希望師父指教。」

　　和尚開心的笑了。殷教授繼續說：「為了『初診』方便，我們可把謬誤分為相干 (relevance)、證據不充分 (insufficient) 和歧義 (ambiguity) 三組。當一個論證依據與它的結論並不相干的前提時，由於不可能因此建立出真結論，這樣的論證便犯了相干的謬誤，也許叫做不相干的謬誤更好。當一個論證依據的前提雖然與結論相干，但不是確定結論的好根據時，便犯了證據不充分的謬誤。一個論證含有有歧義的字詞或語句，其意義在論證過程中變來變去，使這一論證不能確定它的結論時，便犯了歧義的謬誤。」

　　「一個非形式的謬誤既然無法僅僅依靠檢查論證的形式或結論查出，」揚揚問說：「那麼，一般說來，我們要怎樣去檢查呢？」

　　「問得好。」殷教授說：「首先，檢查做論證的來龍去脈或語境 (context)。例如，誰要去做主張的，和為了什麼目的？論證的聽眾或對象是誰？論證者之間共有的認定是什麼？有沒有論證的基本規則？

　　其次是檢查論證的內容或實質。這裡需要注意：論證在語言裡的表達方式，字詞的意義，諸如歧義、含混和非本意的。至於內容，則與說什麼以及如何說有關，而與說的形式無關。簡單說，有時我們的謬誤推理，是因為論證有結構上的缺點，這是形式的謬誤；有時，犯謬誤是因為違反論證的來龍去脈的規則；有時是因為誤解或誤用語言。」

　　「檢查謬誤，要注意那麼多，」小葳說：「真麻煩，傷腦筋耶！」

　　「我的了解是，就個別具體的謬誤實例的診治來說，不

一定所有細節都需檢查。放輕鬆點。天文學家要點數的星星，更多、更浩瀚呢！」揚揚說。

「數星星，不如看星星悠哉。」小葳自言自語。

「要注意，一個在某一情境裡是謬誤的論證，在另一情境裡未必是。這樣，要確信一個論證為謬誤，我們必須知道論證出現的情境。在接下來的討論裡，我們就先預設這些情境是會使論證謬誤的。」殷教授說。

訴諸無知，濫用權威，輕訴傳統

坐在路邊高點，周邊是樹林和果園，兩邊是廣大的平原。導覽的和尚說：「有機會和各位大德一起遊山，話邏輯，真是逍遙。」

「多謝師父帶路。」殷教授說：「有機會和師父切磋邏輯，如來佛境也。」和尚雙手合十，說了一聲：「阿彌陀佛。」殷教授接著說：「好。我們第一個要講的謬誤是：

1. 訴諸無知 (ignorance; *ad ignorantiam*)

一個論證具有下面形式之一時，是為訴諸無知的謬誤：

(1) 沒有證明（或你沒有證明）P 為假。

所以，P 為真。

(2) 沒有證明（或你沒有證明）P 為真。

所以，P 為假。」

「我知道一個連屋頂上的麻雀都在囉嗦的例子。」小葳說：「

(例1)

　　(1)上帝存在，因為沒有人(或你沒有)證明祂不存在；

　　(2)上帝不存在，因為沒有人(或你沒有)證明祂存在。

當然，用『鬼魂』一詞代換『上帝』，也是一樣有趣。」

　　「我佛慈悲。」和尚合掌拜佛說：「我心有佛，不證自如。」

　　「那我心要有什麼才好呢?」小葳問道。

　　「你喔，有邏輯和腳踏車就好，不是嗎?」揚揚回應說。

　　殷教授說：「小葳剛剛舉的例子，不是要討論上帝究竟是否存在的實質問題，只是舉例講述無知謬誤的樣態是怎樣。這個例子是利用某種對反交錯的混淆，把沒有證明當做有證明來下結論。就例1的(1)來說，沒有人證明上帝不存在，等於什麼都沒有證，因此不能依此證明什麼，更不能依此證明上帝存在。什麼都沒有證，即沒有提出什麼知識，所以是『無知』。當然是一種錯誤的論證，所以『謬誤』。」

　　「在科學史上，」丘崎教授說：「有一個著名的訴諸無知的謬誤，針對望遠鏡的發明者伽利略而來：

(例2)

　　　　伽利略剛製作出望遠鏡的時候，跟那個時代的天文學家們說，經由他的望遠鏡可以看到月亮上的山和谷。可是大家都只相信長久以來神學和亞里斯多德式科學所主張的：月亮是一個絕對完美的球體。於是他們駁斥伽利略的理論，而認為雖然我們透過望遠鏡看到的似乎是山和谷，但是其實所有不規則的現象都是被一種不可見的結晶體物質所添滿，使得月

亮看起來不夠完美。偏偏這個假設保全天體的完美，讓伽利略沒法證明為假！盛傳，伽利略為了揭穿這訴諸無知的論證，提出另一個同類的論證當做諷刺。由於他不能夠證明設想添滿山谷的透明晶體的不存在，於是他提出同等可能的假設說，在月亮上有看不見的結晶體封套豎起來，這封套甚至比山頂還大──仍是由結晶體做的，因而看不見！他指出，他的批評者無法證明這個假設為假。」

「讚！」小葳讚嘆說：「以牙還牙。原來伽利略的邏輯也那麼好！」

「這個故事顯現的，是很好的訴諸無知的例子。但伽利略提出的訴諸無知的反證，只是傳說。」丘崎教授笑著說。

「這個謬誤好像與證明的責任負擔 (burden of proof) 有關。」揚揚問道。

「對的。」丘崎教授說：「這個原理說，誰提出一個立場或觀點，誰就有義務必須去辯護它。譬如，在前面例 1 中，如果你主張上帝存在，則你必須提出祂存在的證明。你不能以對造或第三者沒有提出相反的證明來辯護它。」

導覽和尚說：「這跟法律上的什麼無罪推定原則有關嗎？好像有點相關的樣子。」

「是的。」殷教授說：「這個法庭的無罪推定原則有兩種陳述：

　　強式：一個人無罪，除非他被證明有罪。

　　弱式：一個人被認定或推定 (presume) 無罪，除非他

　　　　　被證明有罪。
這個無罪原則的強式陳述，是典型的邏輯上的無知謬誤；弱
式陳述則沒有這個瑕疵。在法學論述上多半以弱式陳述，但
在法庭判決上，則採取強式陳述。法庭上所以採取強式陳
述，是為保障人們生活的精神上或法律上的安定性。知道這
個優先原則，才不致陷入邏輯的扞格。」

　　「そうですか。」小葳點點頭。

　　「大德姑娘懂日文嗎?」和尚說:「我們寺裡有不少日文
佛學藏書，歡迎來借閱。」

　　小葳連說:「不敢，不敢。」

　　揚揚提問說:「下面的論證有謬誤嗎?

（例 3）
　　　⑴我知道這枝槍是未卸彈的。
　　　⑵所以，那是合理的，認定它是裝彈的。」

　　「可以這樣說。」殷教授說:「如果這個論證是當做一個
警告，要人小心不要隨便觸動這枝槍，則是可接受的，不應
視為謬誤。但如果拿來當裝有子彈的懲處的根據,則有嚴重
的謬誤。」

　　「要實際檢查是否有謬誤，這麼麻煩。」小葳有點疑慮
的說。

　　「進入佛境，就不會這麼麻煩了。」和尚很有自信的說。

　　「在佛境，需不需要學邏輯呢?」小葳急著問。

　　「可學，也可不學。」和尚淡然回答。

　　丘崎教授笑了。

喝了和尚帶來的熱茶後，殷教授繼續說：「現在要講的謬誤是：

2. 濫用權威 (misuse of authority; *ad verecundiam*)

這裡所謂權威，是指一個人在某一學問、領域或行業特別有研究或經驗，在該行所發表或展現的思想、見解、理論或技術，普遍受到肯定，尤其是受到同行同業的肯定，這樣那個人可說是該行該業的一個權威或專家。平常人們在做論證時，引用權威或專家的言論或技術當前提或證據，是很習以為常的作法。這類論證的形態有二：

(i)

　　(1)權威或專家 *A* 說 *p*。

　　(2)所以，*p*（或 *p* 的改寫）。

(ii)

　　(1)權威或專家 *A* 說 *p*。

　　(2) *p*（或 *p* 的改寫）。

　　(3)所以，*q*。」

導覽和尚很起勁的接著說：「這第一個形態是權威說了什麼，就以其所說的當結論。第二個，則不但拿 *A* 所說的當前提，而且以 *A* 所說的也當一個前提，推出另一個結論 *q*。」

和尚的表現令小葳刮目相看，覺得很佩服。

「對。」殷教授說：「我們以歐洲文藝復興時代哥白尼 (Copernicus, 1473–1543)，和十九世紀英國生物學家達爾文 (C. R. Darwin, 1809–1882) 的學說為例：

（例 4）

　　⑴天文學家哥白尼的太陽中心的宇宙論說，地球繞
　　　太陽運行。

　　⑵所以，地球會動，會運轉，不是宇宙的中心。

（例 5）

　　⑴生物學家達爾文的演化論說，所有生物，包括人，
　　　都從少數極為簡單形式，也許從單一形式，依一個
　　　逐漸變形的代代相傳過程，發展而來。

　　⑵所以，人概然的是猴子的表親。」

　　殷教授說：「在今天，例 5 的結論十分正確，例 5 的則
還沒有證實。但是這兩個例子都屬於一般的引用權威的例
子，並非謬誤。在邏輯上，只在『濫用』權威時，才說它是
濫用權威的謬誤。例如某數學大師的權威在於數學領域，卻
以其大師的身分跑去指導別人烹飪，烹飪教室還大肆宣傳
說以數學大師的身分，相信他就對了。這時候就犯了濫用權
威的謬誤。注意下面一些容易濫用權威的情形：

　　⑴在某一領域的權威，在另一領域未必值得聽取。電
　　　視上名模的手機商業廣告就是如此；沒有理由設
　　　想一個名模會比普通人更懂手機。

　　⑵在專家都不同意的議題上，去接受一個權威的意
　　　見一般是有謬誤的。法官和陪審團常會違反這個
　　　原則。例如，他們僅僅根據一個心理醫師的意見，
　　　就決定一個被告的心智是否健全。在多數心理事
　　　件上，法官應該知道多麼容易得到相反的專家的

證詞。

(3)政治偶像、高官或政治獨夫的『權威』，常被濫引。

(4)注意『過時權威』。一個在一定時代或社會背景的
　　權威，時過境遷後，常常會變成不是權威，甚至變
　　成錯誤。例如：

(例6)

(1)孔子說：『有朋自遠方來，不亦樂乎?』

(2)所以，你的朋友從南部到臺北來拜訪你，你一定很
　　高興。

在古時候的農業社會，孔子這句話是很好的社會和人心的
描述。但在這個大家都很繁忙的年代，房子都小的都市社
會，朋友來，恐怕覺得很麻煩呢。」

「不知師父今天會不會很忙?」小葳機警的問。

「不忙不忙，難得諸位大德光臨敝寺，聊聊邏輯，也是
一種修行。」和尚邊說邊順手再給大家倒茶。丘崎教授低頭
再三品味，覺得和尚所說很有意思。

「謝謝。好茶。」殷教授慢慢喝一口後說：「現在要講的
謬誤是：

3. 輕訴傳統 (rash appeal to tradition)

一般的說，傳統的信念或作法，有些是好的、對的；有
些是不好的、不對的。但當實際做論證時，人們只拿有利於
結論的傳統信念來當根據、做推論，這就犯了輕訴傳統的謬
誤了，因為這些傳統信念有可能是不對的、不好的。」

丘崎教授說：「舉一個古典的例子來說明，當伽利略用

他發明的望遠鏡瞄準木星，結果發現了它的衛星。他將訊息告訴其他科學家，但是他們大都不相信木星有衛星。實際上，他們根本就拒絕使用望遠鏡去觀察木星，因為他們傳統上所堅持的理論告訴他們，這種現象是不可能的。」

「真是一群冥頑不靈的頑固分子呀！」揚揚說。

「有個朋友選在某一天結婚請客。」小葳有點氣呼呼說：「氣象報告，明明說那天颱風要來。但那位朋友說，那是他們爸媽選好的黃道吉日，不能更改。這應是輕訴傳統謬誤的例子吧！」

「是不是說，」和尚趕忙說：「傳統不是不可使用，但要批判的使用。」

「師父說的是！」殷教授笑著說。

人身攻擊，人身牽連，相似非難（你也是）

熱茶、涼霧與訪友，一行人悠閒的覽山聽風，相當愜意。

4. 人身攻擊 (attack on the person; *ad hominem*)

殷教授說：「現在要談的謬誤是人身攻擊，在師父面前講這粗話，可得先致意才行。」

「哪裡，哪裡。」和尚說：「人生百態，佛門都不躲避。」

「多謝。」殷教授向和尚點點頭後，說：「讓我們先弄清兩點。首先，一般所謂人身攻擊可有兩個意義。一個是對人的身體加以攻擊、刺戳，一個是對人的品德和人格加以毀謗，也就是說人壞話。邏輯不討論前者，也不討論單純的人格，單純的說人壞話的問題。」

「阿彌陀佛，我佛誡讒。」和尚順著說。

「我們知道，佛對讒，也就是說人壞話的人間現象，有很深的體悟和告誡。」殷教授說：「但這裡暫時不談，以後再請師父指點。我們現在要討論的是，把說人壞話和論證好壞兩者不當的牽連在一起的問題。

其次，『品學兼優』和『敦品勵學』，時常是小學和中學，甚至大學的教育目標，但這個目標應被了解為是人品和學識兩者都重要，應要兼顧；而不應被了解為是人品和學識兩者之間，有因果關連或邏輯關連。誤解這兩者有這種關連，是邏輯上常見人身攻擊謬誤的大來源。」

「可是，我們在心理上總是傾向於認為壞人一定講壞話。」和尚提醒說。

「對的。這也是我們要討論這個謬誤的一大理由。」殷教授繼續說：「在論辯時，把對手的人品、理智、尊嚴當攻擊依據，用來反駁對手提出的主張時，便犯了人身攻擊的謬誤。這是把做論證的人和論證本身混淆一起。事實是，好人會做壞論證，壞人也會做好論證。一個人的品格和他所說的話的真假，在邏輯上是不相干的；和他所做的論證或推理是否正確，也不相干。主張某一提議是壞的，某一斷說是假的，因為它是『急進分子』或『極端分子』提出或斷說的，就是典型的人身攻擊謬誤。」

「人身攻擊很常見呀！」小葳說：「我常看到，起初在論辯或抬槓，大家還『就事論事』。但後來爭得面紅耳赤時，就開始『對罵』了。」

「叔本華 (Schopenhauer, 1788–1860) 是德國哲學家。」

殷教授說：「有人批評他對婦女的觀點時說：

（例7）

　　　我們對叔本華的指摘婦女的著名論說，必須要有保留。任何心理醫師會立即參考叔本華和他母親之間的緊張關係，來解釋這個論說。

這個批評者沒有提出任何證據，顯示叔本華的意見是錯的，或他的推理是不正確的。反之，拿他的人格問題來擺脫他的觀點。批評者的意思是，不要相信叔本華對婦女的論說，因為他之所以有這樣的想法，出於他的精神和心理有問題。」

　　「在公共議題上，」揚揚說：「我們也常看到像下面這樣的論辯：

（例8）

　　　候選人李大邦主張需要徹底修改社會福利體制。你看，這個人是一個前科犯，一個聲名狼藉的罪犯。我們能相信這樣的人講的話嗎？我不相信，因此，我請大家不要投票贊同現行社會福利體制的改變。

這裡批評者不是拿論證，而是以攻擊李大邦的品格，來拒絕改變社會福利體制的主張。這種人身攻擊與是否需要改變體制，沒有邏輯相干。因此，這種論證是謬誤的。」

　　「世間的人們很難免除這種毛病。」和尚輕描淡寫的說了一句。

　　「對。」殷教授說：「濫用的前提雖然在邏輯上和結論不相干，但它卻會經由心理的轉換過程，而發生誘惑力。使情

緒上不贊同的領域延伸到不同意該人所做的論斷。」

「攻擊一個人的觀點，會不會被視為是攻擊一個人呢?」小葳問道。

「很好的問題。實際上是會的，但邏輯上不該如此。在攻擊一個人的觀點時，要注意不要把攻擊『人身』的用詞挾帶進去。」

「阿彌陀佛。」和尚順道說出。

「謝謝。」殷教授繼續說：「下一個要講的謬誤是：

5. 人身牽連 (circumstantial; *ad hominem*)

拿對手所牽連到的特別身分或特別情境當理由或根據，來反對對手的主張或論證時，會犯人身牽連的謬誤。請看下面的例子：

（例 9）

> 那個在海邊開大飯店的民代相信，興建穿越山岩山谷的高速公路的計劃，將給地方帶來繁榮，並促進全國經濟發展。他宣稱來年在地方上會立刻創造數千個就業機會。你不認為這計劃很膨風嗎?你可知道他明年還要參選嗎?

這裡，那民代主張興建高速公路會帶給地方繁榮和全國經濟發展。論證者顯然拒絕民代的主張。但他沒有提出反對證據，或顯示民代的推理是錯誤的；反之，他攻擊民代，特別提到民代的主張是為了來年的選舉。這是人身牽連的指責。因為他沒有提出什麼見解來否認民代的主張，他只攻擊民代的行為是為了選票。

雖然反對者的言論在一個嚴肅的論證裡不會是爭論之點，但它可以在贏得同意或說服別人上，有心理上的效果。但無論它會有多大的效果，這種論證基本上是謬誤的。」

「我覺得人身牽連和人身攻擊，是有關連的樣子，是嗎?」和尚問道。

「對。」殷教授說：「兩者都牽連到對造的人身，但在人身牽連謬誤上，還沒有說人壞話。但是人身牽連的論證，很容易變成人身攻擊。所以，一樣要避免。」

「收穫很多。請大家喝熱茶。」和尚打開芬芳的茶說。

喝了茶後，殷教授說：「現在要講的謬誤是：

6.相似非難（你也是；**you too;** *tu quoque*）

當一個人被指摘做錯了什麼時，以指出或主張指摘者或其他的人也做了相同或類似的錯，來辯護他的錯誤行為時，便犯相似非難（或你也是），或是非非成是 (two wrongs make a right) 的謬誤。例如：

（例 10）

⑴女：你不應該把牛奶放在外面一整夜，因為它會腐敗。

⑵男：呵是呀，妳還不是忘記關掉電毯？

（例 11）

⑴獵人被指控野蠻的屠殺無害的動物。

⑵獵人回答說，他們的批評者吃無害家畜的肉。

這兩例的⑵的講法，都犯相似非難（或你也是）的謬誤。有幾點要注意的。一，你和我或我和你犯相同或類似的錯誤，

並不能把錯誤變成對的。二，相似非難也是人身攻擊的一個形態，因為也涉及人身和說人壞話。三，相似非難在爭執的時候很實用，因為對方常常會停止批評，但這在邏輯上是錯的。」

「揚揚，我們正在討論相似非難，但你剛才講手機講得太大聲了。」小葳不大客氣的說。

「妳早餐的時候講得更大聲喲！」揚揚回嘴說。

「大家看，『活的』相似非難。」小葳說。

「阿彌陀佛，阿彌陀佛！」和尚雙手合掌輕輕念了兩句，害得大家都笑了。

訴諸群情，訴諸大眾，訴諸憐憫

「阿彌陀佛，阿彌陀佛。」大夥不禁跟著和尚合十，口中也念念有詞。輕鬆的談話，讓山茶喝起來更加可口，殷教授頻頻讚美好茶後，不忘繼續談邏輯：「現在要講這個謬誤：

7. 訴諸群情 (emotion; *ad populum*)

每個人都有理知和感情的能力。理知而無感情會是無用的。感情而無理知一樣會是有缺點的，因為感情會變成非常大的力量，以致壓制一個人的理知能力，蒙蔽感覺，使人看不見理應很明白的事實，引誘人做誇張的主張，妨害正常的思想程序。因此，我們必須注意感情，不是因為它內在是壞的，而是因為它有時候會有壞的結果。」

「好像上哲學課。」小葳自言自語說。

「邏輯本身也有邏輯哲學。」丘崎教授說：「邏輯也會觸

及其他哲學。

　　訴諸群情的論證，是每個宣傳家和政客的精巧設計。這種論證是謬誤的，因為它以煽動熱情、憤怒或仇恨的表情語言，取代提出證據和符合理論的辛勞工作。當年德國納粹黨魁希特勒 (Hitler, 1889–1945) 那一場場把日爾曼聽眾帶到瘋狂的愛國主義的演說，就是一個經典的例子。因此有人說：『愛國主義是一個無惡不作者的最後避難處』。」

　　「廣告代理商最倚重訴諸群情的論證。」殷教授接著說：「在廣告裡這種謬誤的使用，幾乎提升到藝術地位。例如：

（例 12）

　　　　一個人壽保險的電視商業廣告，描繪一個快樂的家庭在河邊野餐。他們在河邊釣魚，大家都很快樂。並且喊出一堆有關幸福家庭生活的口號，例如『平安』和『健康』。但是廣告中沒有提到保險的項目或理賠的其他特定事項。

顯然這商業廣告描繪的情景，只是訴求大眾的情感，保險公司被描繪為一個值得信任的對象。但在廣告的訴求裡，口號沒有給我們任何有關資訊。」

　　「沒錯，廣告的確塑造出這種形象！」和尚說。

　　「但是其實背後的保險內容和實際理賠的項目，卻隻字不提！」小葳回應說。

　　「善哉！善哉！」和尚說。

　　喝了熱茶後，殷教授說：「至於下一個謬誤，則是：

8. 訴諸大眾 (popularity; *bandwagon*)

　　當一個論證主張說，許多人或所有的人接受某一信念或贊同某一行動，因此就主張說這一信念必定為真，或此一行動必定正當時，便犯了訴諸大眾的謬誤。因為多數人接受的信念未必真，多數人贊同的行動也未必正當。在從前幾乎每個人相信地球是平的、疾病是惡鬼致使的，但是在現在科學發達、教育普及以後，大家都知道這些都是假信念。

　　訴諸大眾的論證，俯拾即是。有一個電視臺曾有這樣的廣告：

（例 13）

　　　　為什麼有那麼多人被大彩頭獎吸引呢？想必是有那麼多人被大彩頭獎吸引，因為有那麼多人被大彩頭獎吸引！

這個廣告論證，很明顯的在訴諸大眾和多數，沒有提出實質理由。」

　　「我要舉一個實例。」小葳搶著說：「有一次我問班上同學為什麼要選殷教授的邏輯課。她說：『醫學院一大堆人來選，工學院一大堆人來選，爆滿，大爆滿！』」

　　「這的確是一個訴諸大眾的論證，謬誤，謬誤。」殷教授說：「因為沒有提出選課的實質理由。」

　　「我來提出實質理由好不好？」揚揚自告奮勇的說。

　　「不必了。因為如果你提，那是另一個論證，不是這個有謬誤的論證了。」殷教授說。

　　「我佛慈悲，善哉！善哉！」和尚含笑說。

　　「如果大眾接受某一個政策，並不顯示它是明智的；許

多人堅持一個意見，也不能證明它就是真的。」丘崎教授接著說。

　　喝一杯熱茶後，丘崎教授繼續說：「訴諸大眾的極端形式是：

　　　⑴每個人相信 p。

　　　　所以，p。

　　　⑵沒有人不相信 p。」

　　「訴諸大眾和訴諸群情兩種謬誤，好像很容易混淆在一起，對不對?」和尚問。

　　「好問題。」殷教授說：「相同的地方是兩者都利用多數的人，但兩者有基本的不同。前者在利用多數人的信念，後者則利用多數人的情緒或激情。前者希望接受論證的對象未必是那些被利用的多數人，後者則多半就是那些被激動的人。」

　　「諾貝爾獎不是由委員會的『多數』決定嗎? 難道也算是一種訴諸大眾的謬誤?」揚揚問。

　　「又是好問題。」殷教授說：「訴諸大眾的『大眾』是指『普通』的大眾，不是指『專家』或『專業』的多數。」

　　「政治的選舉不是由普通大眾的多數決定嗎? 這也算是謬誤囉?」小葳問。

　　「又是好問題。」殷教授說：「政治選舉或公眾事務的多數決，不是真理的問題，而是其他問題。談起來複雜，而且也不是邏輯問題。」

　　「在論證時，是不是有人把群眾或多數當『權威』來利用呢?」和尚問。

「有智慧的問題。」殷教授說：「是的，那是濫用權威的一個特別形態。以上謬誤就先討論到這裡，我們現在要講另一謬誤：

9. 訴諸憐憫 (pity; *ad misericordiam*)

訴諸憐憫可以看做是訴諸群情的一個特別情況。在論證裡，不適當的把對某人的同情或憐憫，當做結論的證據或理由時，便犯了訴諸憐憫的謬誤。例如律師在為委任人做辯護時，常說：『委任人有重病、被虐待、又貧窮。』這些說詞也許和減輕刑期相干，但和被告是否犯罪的爭議無關。

邏輯書本上常舉類似下面這樣的例子：

（例 14）

在法庭上，律師說：『陪審團的女士和先生們，我的委任人可能犯下偷竊罪嗎？一個沒有工作的婦女，一個扶養四個幼兒的婦女？不，不是她的罪。因此，你們應該宣告她無罪。』

這裡律師企圖乞求陪審團的憐憫，來宣告被告無罪，但律師沒有提出這個婦女無罪的證據，以證明她沒有偷竊。」

丘崎教授接著說：「下面的例子雖是好笑，但也蠻能顯出訴諸憐憫的情況：

（例 15）

一個年輕人被控拿斧頭殺害父母，面對他有罪的壓倒性的證明，他以他是一個孤兒為理由，乞求寬恕。」

「荒謬！荒謬！」小葳相當忿忿不平。

「我佛慈悲!」和尚合掌小聲說。

「對了。」揚揚說:「有一個公職候選人在競選臺上說:

(例16)

> 各位鄉親父老:我阿丁這次是最後一次競選了。以前
> 幾次我都是高票落選。為了競選經費,我的田地也賣
> 光了。我的對手是千萬富翁,每次選舉都到處請客。
> 浩浩蕩蕩,賓士隊伍,到處拉票。我呢? 全家只有腳
> 踏車可騎,挨家挨戶拜訪。我也求過媽祖了。十個都
> 是正卦。媽祖知道我屢敗屢戰的決心。請各位將神聖
> 的一票, 投給騎腳踏車拜票的阿丁。媽祖就會保佑
> 您!」

「好棒的訴諸憐憫!」小葳說:「我差點就被打動了。可
惜這位仁兄沒有提出投票給他的任何『邏輯理由』。」

「遇到訴諸憐憫的論證,怎麼辦最好呢?」殷教授問。

「也許可以分成兩個層次來面對。」和尚和氣的說:「首
先,依邏輯要求嚴格檢查。然後在這檢查的基礎上,慈悲的
考量論證的訴求。」

「師父道深!」殷教授讚美的說。

訴諸暴力 (威嚇, 巨棒), 偶例, 逆偶例

有位果農剛從山的另一頭走過來,看到外國遊客,覺得
很新奇,便停下腳步。原來這些山上的果農都和修行的和尚
很熟稔,幾乎每天都會順道來打招呼。今天他帶了一籠新摘

的龍眼，順手拿出來請大家品嚐。果農說：「今年豐收，也特別甜。」小葳想起上次碰到一個果農，他的龍眼樹因為山羊屎而豐收的事情，於是問：「是不是常有山羊到這裡來?」果農說：「沒有呀，野狗倒是很多啦!」當果農知道這位外國朋友是國外來的邏輯大師之後，他倒是很坦白的說：「什麼邏輯，我聽不懂啦!」

在大夥吃龍眼喝熱茶的時候，天上有一隻老鷹正追著小鳥。幸虧小鳥飛得快，跑進叢林，但是老鷹也跟著衝進樹林，不知結局為何。和尚看了念念有詞，殷教授則是趕忙說：「我們要講下一個謬誤：

10.訴諸暴力（威嚇，巨棒）(force; *ad baculum*)

在一個論證裡使用一個不適當的暴力，去支持或接受某一結論的真理或正當時，便是訴諸暴力的謬誤。這裡的暴力包括武力、威脅或任何強制力。這些暴力使人產生恐懼，因恐懼而去接受某一結論或主張。但是要注意一點，暴力或威脅分為適當的和不適當的，如果是訴諸適當的恐懼，則不是謬誤。例如：

（例 17）

你不要喝瓶子裡的東西，那有毒。

雖然帶有威脅的口氣，但如果說話者真的懷疑瓶子裡的東西有毒，則不是謬誤。」

「有一次我騎車經過一個工廠，」揚揚說：「看到：

（例 18）

一群工人停工抗議，要求加薪。老闆跑出來說，他有理由不加薪。如果工人不回去工作，他就要關掉工廠，讓工人回家吃老本。」

「這是訴諸威嚇。」果農現學現賣說：「那老闆說他有理由，但沒提出來呀！他只威嚇工人會沒飯吃。還是我老農好，自產自銷。唱山歌，聽鳥語，看白雲。」

「訴諸暴力、威嚇和恐懼的形態很多。」丘崎教授說：「在不自由的國度裡，在人權沒有保障的社會裡，特別多。天文學家哥白尼曾大力宣傳他的觀點，說地球繞太陽軌道在太空運行。這種觀點不見容於當時堅持地球是不動的，是宇宙的中心的宗教勢力。這些勢力傳言要審判他。他只好放棄（或假裝放棄）他的理論。這是訴諸威嚇的著名例子。」

「我佛宣揚教理全靠苦口婆心，修道力行。」和尚很自豪的說：「阿彌陀佛！」

「邏輯和佛學哪一個難學？」果農問。

「只要學就不難學。」丘崎教授笑著說。

「沒錯，我師父也這樣講。」和尚說。

「對了。」小葳想起來說：「小時候，我爸常叫我背英文。有一次我不背了。我爸說：『妳不背就不買腳踏車給妳。』這算不算訴諸威嚇呀！」

「可以算。」殷教授笑著說。大家也都笑了起來。

仰望天上的雲彩，耳聽小鳥的叫聲，殷教授忽然想起一個謬誤，說：「下面要講的謬誤是：

11.偶例 (accident)

　　相對於一個規則或原理，有常例和偶例。常例是指一個規則或原理可正常或適當應用的例子；反之，偶例則由於時空或其他情境的關係，不可正常或適當應用的例子。例如，3+5=8 可視為是一個運算規則或原理。它可正常和適當的用來計算樹上的木瓜和飛鳥的數目，但卻不能適當的用來計算天上的雲朵和鳥群。請問，天上的三朵雲和五朵雲加起來有幾朵雲？一朵、二朵……九朵，甚至更多。天上的三群飛鳥加五群飛鳥，合起來有幾群？一群、二群……九群，甚至更多。這樣，樹上的木瓜和飛鳥是 3+5=8 這一運算規則的常例，而天上的雲朵和鳥群則是偶例。

　　我們把一個規則或原理應用於偶例時，便犯偶例的謬誤。下面可視為偶例論證的例子：

（例 19）

　　⑴說謊總是錯的。所以，你對病人隱藏病情是錯的。

　　⑵男女平等是世界大潮流。但為什麼女性不必服兵役呢？真是時代的反動。

這些論證的謬誤在哪裡，不難找出來。」

　　「偶例可以視為是一個規則或原理的例外情況。」丘崎教授說：「一個規則或原理常有『除外條款』。通常，為了簡潔，在寫一個規則或原理時，常省略這個除外條款。但很多除外條款是很不容易寫得精準和面面顧到的。例如除數不能為零，是除法規則的除外條款。」

　　「啊！原來如此，邏輯滿好玩！」果農笑嘻嘻說。

　　「好。」殷教授接過來說：「下面要講的謬誤是：

12. 逆偶例 (converse accident)

顧名思義，逆偶例是偶例的反方向推論或論證。從偶例推論或論證到一個不適當的規則或原理時，便犯了逆偶例的謬誤。試看下面逆偶例的例子：

（例 20）

    ⑴大學入學是根據學生的能力和成績的高低來決定的；這樣，就不是所有的人生而平等的了。你可知道，人生而平等的原則，是美國先賢傑佛遜以及其他許多人類先賢鼓吹和堅持的信念。

    ⑵一個早餐店的老板慷慨激昂說：『燒餅油條哪裡會增加膽固醇？我一家三代都吃燒餅油條長大。每次檢查，膽固醇都很正常。』

    ⑶一個毒犯辯護說：『醫生替病人打嗎啡無罪，所以人人都可打嗎啡。我為什麼有罪？』

逆偶例是一種謬誤的推論，人們很容易被它欺騙，在人們不注意或激動時，會不小心被它誘惑而去依賴它。」

「什麼人類生而平等？」果農激動說：「大老板一個月賺進的，我們果農一輩子都賺不到。」

「這是偶例還是逆偶例？」小崴小聲問。

「可以再討論。」殷教授小聲的回答。

「我佛慈悲，普渡眾生。」和尚合掌拜佛說。

複合問題，乞求爭點（循環論證），假因（巧合）

殷教授有感而發：「你們農友真的辛苦，春夏秋冬沒有休息，如果颱風來了，一整年的辛苦都泡湯了！不過好險有你們的耕耘，我們才吃得到這麼美味的水果，來來來，大家敬他一杯！」大家拿起手中的茶杯，用好茶代替好酒。果農被這突然的恭維嚇了一跳，剛剛的不如意也就隨風而逝了，只剩下滿臉不好意思的神情。殷教授見機不可失，說：「好。那我們要開始講下面的謬誤了：

13.複合問題 (complex question)

一個顯問題中含藏著隱問題的，是複合問題。顯問題是直接明白被提問的問題。隱問題是隱藏在顯問題中，沒有直接明白提出，但在顯問題的回答裡也會同時有所回答的問題。在論證中提出一個複合問題，利用對方對顯問題的回答，而同時提供的隱問題的回答當結論，或結論的證據或前提時，便犯複合問題的謬誤。

一個著名的例子是：

（例 21）

法官：『你停止打你太太了嗎？』

不論被告的回答是『是』或『不』，似乎都涵蘊承認過去曾打過太太。法官問的是一個複合問題。如果法官根據被告是或不是的回答，就判定被告有打太太，便犯了複合問題

的謬誤。被問者常常沒有察覺到隱問題,尤其是被精心設計過的。因此,所做回答,不是他明白知情的,因此是不可靠的。拿不可靠的回答當結論或結論的證據,當然有謬誤。

在法庭上,關係人常有所提防。用顯問題問,常不容易得到想要的答案。因此,有關一方常會『設計』複合問題誘問對方。可是每個人在法庭上的言論,都要負法律責任。因此,法庭上禁止用複合問題發問或質問。

在一般的討論裡,應盡量避免使用複合問題。遇到複合問題時,應先把隱問題揭露出來處理。」

小葳說:「有一次我到一個『結束營業大拍賣』的場所,售貨小姐一直跟我推銷,我還在猶豫要不要購買時,她就說:『美女,妳用什麼信用卡呀? Mastercard 還是 Visa?』」

「妳一定說兩種都有。」揚揚搶先說。

「你別亂插嘴!我舉例的意思是,售貨小姐跳過『妳要買嗎?』這個問題,而且認定我一定會買。」

「這果然是個活例子。」丘崎教授說:「那我來講一個古希臘悲劇故事裡的例子:

（例 22）

　　一個盲人預言家告訴國王之子依狄帕斯 (Oedipus),他要負責受罪,因為他殺死父王。依狄帕斯盛怒譴責他的妹夫克里昂 (Creon),說是他叫預言家這樣講,使得克里昂可成為國王。當克里昂聽到消息時,到依狄帕斯那裡否認這個指控,因為這不是真的。當他見到依狄帕斯時,後者說:

『你因何而來：你是這麼厚顏無恥到我家來嗎？——你，已證明的其主人的刺客——一定是我的王冠的盜賊。來，在神面前告訴我，藉我之名你圖謀這，是多麼懦怯或愚蠢呀？你認為直到你偷偷爬上我，或看到無法抵擋，我不會看到你在做什麼嗎？』

這些問題，多半是複合問題，因為它都預設克里昂圖謀成為國王。例如，最後一句：『你認為……我不會看到你在做什麼嗎？』如果克里昂回答是，則他會是同意他有罪，而如果他回答不，他也會是同意。或是也可以說，依狄帕斯的問題是一個複合問題，因為它已包含兩個問題：『你圖謀成為國王嗎？』和『你認為我不會看到嗎？』」

「這有一點複雜。」果農說：「我講一個簡單的：

（例 23）

有一天有兩個採山產的人，爬上我的龍眼樹摘了兩大把龍眼，給我看到了。我當然不敢問說：『你們偷摘我的龍眼是不是？』也不便問：『你們摘龍眼是不是？』因為我只有一個人，我怕打不過他們。所以我問他們：『那一棵的龍眼好吃嗎？』」

「你好聰明喲，那時你還沒學邏輯，」小葳問：「怎麼知道利用複合問題呢？」

「想一想就知道。」果農有點得意的說。

看到和尚和果農對邏輯津津有味，殷教授趁熱打鐵說：「現在要講下面的謬誤：

14.乞求爭點 (begging the question; *petitio principii*)（循環論證；circular）

簡單的說，就是把待證的結論——爭論之點——當前提或證據來用的論證，就叫做乞求爭點或循環論證。它有兩種模式：

(1) *p* 為真。

　　所以，*p* 為真。

(2) *p* 為真，因為 *q* 為真。而 *q* 為真，因為 *r* 為真。而 *r* 為真，因為 *p* 為真。（這個連鎖可以繼續寫下去）

「我有兩個問題。」小葳急著問：「一，這兩種論證不是有效或正確的論證嗎？為什麼說是謬誤呢？二，如果說模式(1)是謬誤的，為什麼有那麼簡單明白的謬誤呢？」

「好問題。」殷教授說：「一個典型的乞求爭點或循環論證，精細寫出來以後，都會成為一個有效或正確的演繹論證。但一個正確的演繹論證的結論未必為真，除非前提為真。在乞求爭點的論證中，結論是有爭議的。把有爭議的結論當前提，就等於說前提有爭議，這樣這個論證就有爭議了，所以有謬誤。其次，依模式(1)所提論證，前提的 *p* 和結論的 *p*，多半會用不相同的文字提出，但其意義或真值是一樣的。試看下面的例子：

（例 24）

　　學生：『植物有向光性，為什麼?』

　　老師：『很簡單。因為植物莖的頂端生長部分，有趨

向光源生長的現象；或稱向日性。』」

「啊哈！」小葳說：「想起來了。小學的時候，我就曾經問老師，為什麼植物有向光性。老師的回答正好和殷教授舉的例一樣。那時我在想，老師好像只在給我『解釋』，而沒有提出向光性的理由。我現在終於知道，原來老師在做乞求爭點或循環論證，只在講向光性的同義語。」

「阿彌陀佛，我也想起來了。」和尚說：「中學時，課堂上同學和老師曾有這樣的對話：

（例25）

　　學生：『為什麼由人民統治是最好的呢？』
　　老師：『因為民主政治是最好的統治形式。』」

「那不是乞求爭點嗎？」果農說：「老師給的理由只是將結論再講一遍而已。」

「有一次在榕樹下，」揚揚說：「有一個有趣的抬摃：

（例26）

　　果農：『上帝當然存在，因為《聖經》說上帝存在。』
　　工人：『為什麼我要相信《聖經》說的？它只是一本書。』
　　果農：『因為《聖經》是上帝說的話，有權威又可信。』」

「那位果農，」果農說：「最後說的就犯了乞求爭點謬誤，因為它認定了這個對話裡正要爭辯的話題。我是信佛的，但我尊重那位農友的信仰。還有一次，我在鄉村道路上遇到兩

位剛下班的女士，邊走邊抬摃：

（例 27）

   甲：為什麼工作做得較好的人應得更多錢呢？

   乙：她應得更多的錢，因為她值得。

   甲：為什麼她值得呢？

   乙：因為她更有能力。

   甲：但是妳如何能夠根據好的證據說她更有能力呢？

   乙：因為她工作做得較好。」

「普天之下皆乞求爭點也。」小葳大嘆起來。

「慢點。」揚揚問道：「為什麼妳常說妳愛妳爸爸呢？」

「還用說。因為我喜歡我爸爸。」小葳輕鬆愉快的說。

「妳為什麼喜歡妳爸爸呢？」揚揚有意質問。

「笨蛋，還用問。我愛我爸爸呀！」小葳大聲說。

「我愛我女兒和兒子，也喜歡我女兒和兒子。」果農說：「我沒有乞求爭點吧，因為我只說事實，沒有做論證。」

「喝點熱茶，大家已經談很久了。」和尚熱心倒茶說。

丘崎教授念念有詞說：「我真羨慕整天有白雲、微風、小鳥、樹枝、花草和鐘聲陪伴的人。」

「那不是說和尚師父和果農叔叔嗎？」小葳說。

喝了熱茶後，丘崎教授說：「現在要講的謬誤是：

15.假因 (false cause)；巧合；輕斷因果 (post hoc ergo propter hoc)

原因和結果之間的關連的本性，以及我們如何能夠決定這種關連的出現和缺現，是歸納邏輯和科學方法的中心

問題。日常生活上，也常遇到這類實際問題。

假因的謬誤有兩種形態。一種是更一般的，把不是一個結果的原因當做原因的。另一種是，從一個事件在另一個之後出現，就下結論說前者是因後者而引起的。這種情形，也叫輕斷因果或巧合的謬誤。有一個真實的例子是：

（例 28）

> 某年，兩艘郵輪正在海上行駛。其中一艘船上，有一個女旅客正要回船艙就寢，她開了門，輕輕按了燈光的開關。突然，傳來一個巨大的類似金屬互相撞擊的聲響，船艙還有大幅的震盪，所有的旅客和船員都在走廊上大聲的尖叫。這位女士從船艙跑了出來，對著她看到的第一個人說：『怎麼辦！一定是我剛剛動到了船的緊急煞車裝置！』

這位女士相信，在巨大轟聲發生前，她做了一些行為，是發生大轟聲的原因。當然這只是一種巧合，而如果她被告知，這轟聲是由於希臘船和瑞典船在美國東部外海相撞所造成，她就不會再憂慮了。

一前一後的兩件事，有沒有因果關連，是很複雜的問題。人們也常做錯誤的論斷。有關因果論斷的謬誤，有幾點要注意的：

(1)一前一後的兩件事，可能有但未必有因果關係。到底有沒有，必須進一步去觀察、實驗或收集資訊，去做判斷。如果沒有做這些進一步的探究，就驟然斷說有，那就是輕斷因果了。

⑵在一前一後的兩件事之間，『時間』多長，因事件性質的不同而不同。秒、分、時、天、月、年，甚至世紀都有。

⑶假因謬誤的心理上的誘導，非常可能是來自於對因果關係的必要和充分條件的混淆。為了使 p 是 q 的原因，必須 p 在 q 之前發生或 p 和 q 同時發生。但是這兩個時間關係對因果關連都不是充分的。連續或同現可能是偶然巧合或根據共同原因，對因果做推論時，必須注意這個謬誤。

⑷迷信是輕斷因果的一個後果。迷信是把兩件沒有因果關連的事，看成有關連，並且給這個關連做神秘的解釋。」

和尚忙著問：「佛學上的業報、業力、業果、業障、業因和業緣等，與哲學、歸納邏輯和科學方法上討論的因果關連有關嗎？」

殷教授說：「這是好問題，也是大問題。我們沒法在這裡細談。但有一點可講的是，佛學上講的業，和善惡觀念連在一起，而邏輯或方法學上的因果，則不談善惡。」

稻草人，　未抓住要點，　片面辯護

有一位漂亮的農婦挑著小擔子，笑盈盈的向我們打招呼。果農說：「這是我的牽手。今天特地做了一些素菜，要請各位吃看看。」邊說邊將一盤盤的佳餚從小擔子裡拿出來，大家驚喜不已。丘崎教授和殷教授讚不絕口，料想不到有那麼美味的鄉村素菜。丘崎教授還拜託農婦教他如何料理呢！

16.稻草人 (straw man)

用完美食，大家都很心滿意足。揚揚看著農婦頭上戴著的草帽，忽然想起一個謬誤的名字，好像跟稻草有關，於是問：「是不是有一個跟稻草有關係的謬誤呀？」

殷教授說：「對，叫做稻草人謬誤。人時常會有意無意錯解別人的主張。當一個人有意無意錯解或曲解別人的主張，並且拒絕或攻擊該被錯解或曲解後的主張，而把論證當做是拒絕原主張時，便犯稻草人謬誤。」

「為什麼叫做稻草人呢？」揚揚問。

殷教授說：「一個被寓意為某一真人的稻草人，會比該有血肉的真人更容易被擊倒。一個稻草人是這麼單薄脆弱，用最輕的觸擊就可以擊倒了。試看下例：

（例 29）

消費者：『禁止在廣播電視上廣告酒，是好主意。這些廣告鼓勵青少年喝酒，時常造成重大傷害後果。』

酒商代表：『你不能叫人戒酒；人們喝酒已幾千年。』

這個酒商代表把該消費者的主張解釋為，使人戒酒是好主意。這種解釋比該人原來的主張——即禁止在廣播電視上廣告酒是好主意——容易駁倒。但這個解釋顯然不是消費者原有的主張。因此，酒商代表做了稻草人的攻擊。

再看下例：

（例 30）

對那些不斷的說，由於年輕人有話要說，我們應注意聽他們說些什麼的那些人，我的回答是我就是不全

　　買帳。他們比我們吸更多大麻，並且如果年輕一代就
　　是那些愛聽搖滾樂的小孩，我不會把國家的命運託
　　付給那些人。

姑且撇開說話者對年輕人的人身攻擊（即講到吸大麻等），
我們可看到，他企圖做稻草人的攻擊來轉移聽眾的注意。說
話者設想要反對的，本來應是應注意聽年輕人的心聲，但他
把它轉移為把國家的命運託付給他們。當然後者容易反駁
多了。」

　　「不論是有意無意，人們錯解或曲解他人的意見和主張
的情形，不是司空見慣的嗎?」小葳有點疑惑的問。

　　「對的。」殷教授說:「為了避免這種謬誤，在我們重述
和批評一個論證時，必須小心。不可否認的，在激烈的討論
和辯論中，這很難做到，但還是要小心。妳不會喜歡別人錯
解或曲解妳，同樣，妳也不要錯解或曲解別人。解釋的寬容
原則是盡量以有利別人的觀點，去解釋別人的講話。」

　　「有一次，」果農有點等不及說:「我載一車的龍眼到市
場賣。傍晚時候，為了趕到朋友家吃拜拜，大喊:『新品種，
超甜美，超便宜，自產自銷。』結果呢，對街另一個賣龍眼
的傢伙更大聲喊:『那是東南亞進口的便宜貨，沒水沒味。』
這算不算稻草人?」

　　「當然算。」小葳有點生氣說。

　　「我佛慈悲!」和尚合掌拜佛說。

　　「這裡的龍眼的確是超甜美的，是新品種嗎?」殷教授
笑笑的問完，又喝了一杯茶，繼續說:「好。現在要講下一

個謬誤了：

17.未抓住要點 (missing the point)

　　每個論證有一個要點：建立一個特定的結論。但有時候我們做論證時會抓不住要點。當一個論證未能證明它設想要證明的結論，代之，朝向證明某一不相干的結論時，便犯了未抓住要點的謬誤，或不相干結論 (irrelevant conclusion; ignoratio elenchi) 的謬誤。下面是一個慣用的例子：

（例 31）

> 在立法院，有一則住宅立法的特別提案正在被討論。有一個民代起來發言支持這個法案。然而，他的整個論證是朝向所有人民都應有合適的住宅。

這個例子之未抓住要點，理由是這個民代理應證明這個特定法案值得大家投票來支持，因為它會改進民眾住宅的情況。然而他卻為所有人民應有合適住宅這個主題辯護，這不是爭議的真正議題，而且這是爭議的任何一方都會同意的。因此，他的論證未抓住要點，也可被批評為不相干。」

　　「我也看過這樣一個例子。」揚揚說：「

（例 32）

> 在刑事審判上，檢察官想要證明被告犯了謀殺罪。然而檢察官卻長篇大論的論證說，這個謀殺是一個可怖的犯罪。他還掀開受害者血跡斑斑的襯衫給陪審團看。他不停的告戒大家，這個犯罪有多麼可怖。

在這庭上，檢察官論證的要點理應是這個被告如何有罪，可

是他這裡實際做的卻是在告戒大家這個犯罪（注意不是這個被告）的可怖和所有謀殺罪犯，因此犯了不相干或未抓住要點的謬誤。」

「好。邏輯真高明。」果農興奮的說：「如果我剛才沒學，就不能看到這些論證的毛病所在。」

「那麼，」和尚問：「未抓住要點和稻草人有何不同呢？」

「好問題。」殷教授說：「兩者相同的地方是都偏離了主題，即偏離了原本所爭結論。不同的地方是，未抓住要點是無意或未刻意的，而稻草人則是有意或無意的。還有前者在辯護論證者自己認定的主張，後者則在攻擊對手的主張。」

喝了一杯茶後，殷教授繼續說：「下面要講的謬誤是：

18.片面辯護 (special pleading)

對一個觀點或主張，常可找到有利和不利的理由和證據。一個人對一個觀點或主張，理應提出所有有關的理由，但實際上卻只提出有利或不利的理由，這種時候，便有片面辯護謬誤之嫌。試看下面的例子：

（例33）

有一個城市的衛生部門下令，所有紋身館都要關閉，因為紋身是釀成肝炎蔓延的一個可能因素。紋身館經由不潔針頭和染料，會把血清肝炎直接傳到血液。衛生部門說，過去三年，有三十二件肝炎來自紋身。有一個紋身師反駁說：『我認為紋身有利這個城市。有多少傢伙是警察從紋身館捉到的？我們幫了多少人隱藏疤痕？』

在這裡，衛生部門和紋身師各說各話，各自片面辯護。」

「啊哈!」果農不好意思說:「我就常做片面辯護。」

殷教授繼續說:「片面之詞，包括我們自己，是人間普遍的現象; 因為這是人作為一種動物，趨利避害的一個基本而重要的本性。邏輯上，評斷片面之詞是否有所謬誤，可有一些需要注意的地方:

(1)一個人的片面之詞被指出時，如果他願立即『補正』，可以並且應該不再計較他先前的『謬誤』。

(2)一個人被指摘而為自己去做片面辯護時，雖然可予以『糾正』，但不須譴責他有『謬誤』。

(3)一個人事先說明清楚他將要為某一立場或主張做辯護時，其他人就不必『斤斤計較』他有片面之詞，因為他幾乎會是片面之詞。

(4)我們要知道的，律師是片面辯護的『專家』，而且在法庭上他有『責任』和『義務』為他的委任人做片面辯護。當事人在法庭上當然為他自己做片面辯護。但法官在法庭上，可不能做片面辯護。

(5)一個初步而且有用的改進片面之詞的『弱點』的作法是，事情要從『正反兩面』和『有利不利』的觀點去分析、評斷和去講。」

輕率推廣，假二分法，起源

樹上一串串的龍眼，非常誘人。小葳不自禁說:「果農叔叔，我可不可以爬上去摘幾把龍眼?」

果農笑著說:「妳敢爬樹嗎?」

「我很會爬樹。」小葳回答。

「那就請吧!」果農笑著說:「要小心喲!」

小葳很快爬上去,摘了幾把。大家都鼓掌叫好。小葳順勢說:「這裡的果農是不是都像叔叔那樣,聰明,好學,親切,慷慨好客。」

果農回答說:「不敢當,不敢當! 下次我再帶幾位朋友給各位認識。」

揚揚小聲說:「輕率推廣」。

殷教授笑著說:「好。下面要講的謬誤是:

19.輕率推廣 (hasty generalization)

這裡所謂推廣,是指從觀察或檢驗一類的某些分子具有性質 P,就下結論說該類的多數分子或所有分子都具有性質 P。人類多數的經驗知識,都建立在這種推廣之上。因此,這種推廣程序本身沒有什麼內在的錯誤。但是如果我們根據少數的分子具有某一性質,而做推廣的話,便會犯下輕率推廣的謬誤。用統計學的話來說,輕率推廣的謬誤會發生的情況有二:

(1)我們從一個不充分大或「量」上無代表性的樣本,推論到多數或全體。這叫做小樣本 (small sample) 的謬誤。

(2)我們從一個特選的或「質」上無代表性的樣本,推論到多數或全體。這叫做偏差 (biased) 統計的謬誤。

這兩種謬誤,我們都熟悉。試看下例:

（例 34）

　　我曾經許多次看到大麻和其他麻醉劑，如何減輕嚴重疾病和重大疼痛的痛苦。因此，麻醉劑應讓每個人可用。

這個論證有兩個輕率推廣的錯誤。首先，論證者顯然是根據他自己的經驗做結論。但是一個人的經驗能夠給我們足夠資訊來確信麻醉劑應讓每個人可用嗎？其次，嚴重疾病和重大疼痛的人，當然不是全體人數的代表。」

　　「有一個非常有名的偏差統計的例子。」丘崎教授說：「

（例 35）

　　1936 年，有一個雜誌在政治民調裡寄出一千萬張選票，想預測是羅斯福 (F. Roosevelt, 1882–1945) 還是藍頓 (A. Landon) 會贏得即將來臨的大選。根據兩百三十萬張回來的選票，預測藍頓會以確然的多數贏。選票的名單是從電話簿、雜誌自己的訂戶和車主名單之中，隨機選的。但真正的大選結果大出意外，羅斯福以百分之六十多數當選。

這民調的錯誤在哪裡呢？問題在樣本，他們所選的樣本是高收入群，但是低收入群大都沒有自己的電話或車子，因此這偏差樣本產生不正確的結果。」

　　「小葳，妳以後出國旅行，」揚揚說：「可不要一下飛機遇到幾個客氣的人，就說那個國家的人客氣；遇到幾個不客氣的人，就說那個國家的人不客氣。」

「知道啦，還用你說。」小葳很自信的說。

「說不定喲！妳這麼情緒化！」揚揚回應說。

「好。」殷教授接過來說：「下面要講的謬誤是：

20.假二分法 (false dichotomy)

一個二分法，在邏輯研究裡，是指把事物分成兩個部分或兩種。我們時常企圖去建立一個結論，而去陳述一個二分法，其中一個語句為假或不可接受的，這樣就留下另外一個是可相信的。如果這個二分是『真的』或『正確的』，也就是，真正只有兩個選項，則這是一個合法的論證形式。但是，有時候這二分是假的，也就是說，事實上有兩個以上的選項，論證者便犯假二分法的謬誤，或叫做黑白思考 (black and white thinking)、假選擇 (false choice)、假二難法 (false dilemma)。

試看下面三例：

（例 36）

⑴斑馬是黑的還是白的？

⑵你是和平主義者還是好戰者？

⑶如果你不支持我的政黨，你就是反對我的政黨。我知道你不支持我的政黨。因此，你必定反對我的政黨。」

「這三例顯然是假二分。」果農搶著說：「一隻斑馬有白色也有黑色。要和平還是戰爭，要看情況決定，不是一定和或戰不可。很多人不是支持某一個特定的政黨，而是支持其中某一個主張或政策。就好人壞人來說，我不是壞人，但不

敢說是好人，馬馬虎虎了。我沒有犯假二分法吧。但會不會輕率推廣?」

大家都笑了。

「好。」丘崎教授說:「舉一個常見的例子:

（例 37）

> 世界上有邪惡。這意味著上帝無法阻止它，要嘛祂樂意接受它。如果祂無法阻止邪惡，則祂不是全能。如果祂樂意接受它，則祂不是非常美好。因此，不是上帝不是全能，就是祂不是非常美好。」

「這個論證有點令人傷腦筋。」果農有點困惑說:「有了。這裡所說似乎把上帝設想成非常有力量，能夠阻止在祂的領域裡出現的邪惡，但這不意味如果祂沒有去阻止，祂就樂意接受它。祂也許要留給其他人去阻止;祂也許感到為了使好事發生，所以必須讓邪惡產生。不論如何，不只有這兩種可能: 祂沒有力量阻止邪惡或祂樂意接受它。」

「好棒的講法。」揚揚和小葳同聲說。

「我覺得二分法不是一定不可用。」和尚接過來說:「而是在提出一個二分時，我們必須小心檢查去決定它是真（即只有兩種可能）還是假（即允許有第三可能）。」

丘崎教授和殷教授都點點頭。殷教授接著說:「下面要講的謬誤是:

21.起源 (genetic)

以一個人產生或具有一個主張時候的環境或歷史因素為根據，來拒絕、攻擊他的信念或主張時，就會犯了起源謬

誤。例如：

（例 38）

　　有些學者認為，亞里斯多德的倫理和政治理論只不過是為了迎合富人所提出，所以只具有歷史興趣而不予理會。他的主張不過只是反映他那個時代的希臘社會罷了。

這裡認為亞里斯多德的倫理和政治理論只是為了迎合他那個時代的希臘富人而寫的，沒有現代的價值。這是一種起源謬誤。」

　　揚揚說：「我曾經看過這樣一個例子：

（例 39）

　　原始部落的研究顯示，早期的人有許多恐懼——主要恐懼來自疾病，樹倒下被壓碎，被野獸殺害。有些人提供種種魔力抵擋這些危險，另外有些人訴諸強大的仁慈精神來預先防禦災害的發生，並在部落獲得影響力。提出這第二種策略的人引進宗教。由於這是信神的起源，它不過是迷信，因此有思想的人應拒絕宗教。

我認為，即使假定這是人類宗教信仰的起源，仍然推不出說所有宗教上的要求，都應予以拒絕。因此，這是起源謬誤。」

　　「我想，」小葳說：「了解一個信念或主張的起源，是有助了解這個信念或主張本身，但起源不足以當做贊成或反對這個信念或主張的理由。對了，起源謬誤好像跟前面講的

人身攻擊和人身牽連謬誤有關的樣子。」

「講得好。也問得好。」殷教授說：「起源謬誤可以說是人身牽連謬誤的一個特別類，它特別強調什麼致使一個人會有這一信念罷了。如果在陳述時也講到產生這信念的人品上的壞話的話，就是人身攻擊了。對了，有一點要注意的，一個論證可能會同時犯了好幾個謬誤喔！」

「謬誤那麼多，有點麻煩。」果農說。

「不會比水果的蟲害多吧。」揚揚說。

「說不定嘞！」小葳肯定的說。

滑斜坡，字詞混義，語構混義

喝一杯茶後，殷教授說：「下面要講的謬誤是：

22.滑斜坡 (slippery slope)

邏輯書本上所謂的滑斜坡論證的樣態很多，其中典型的一般形式是：

(1)如果一個人做 A，則他會啟動一個因果過程 B, C, D，到達一個極點 E 的出現。(也就是有一個斜坡，並且是滑的。)

(2) E 是壞的或可反駁的。

(3)所以，我們不應做 A。

有些這種形式的論證在心理和邏輯上是有說服力的，因此是非謬誤的。譬如，其兩個前提都真的論證，其斜坡真正是滑的，E 真正是壞的或可駁的。但有些這種形式的論證只有

心理上的誘惑力，不具有邏輯的說服力，譬如其前提只是貌似為真，其一或兩個前提其實是假的，其斜坡不滑或是 *E* 不壞，因此有謬誤。一個滑斜坡是好是壞，必須檢查語境或論證內容來決定。

（例 40）

> 有個老師說：『在我班上，我不許同學發問，因為如果我允許一個學生發問，則每個人就會開始發問。這麼一來，我的講課時間就會不夠。』

「這個老師的推論太過分了吧。」小葳批評說：「又不是只要有一個學生發問，其他學生就會跟著發問。是有問題才會問問題吧？沒問題還硬要問一些不相干的問題，可是會惹毛其他學生的。更何況，如果上課時間真的不夠了，老師可以中止發問呀？」

「有一次，」果農有點急的說：「我真的生氣了，因為有一個人說：

（例 41）

> 我反對給在家無法獲得適當營養的窮苦家庭的小孩，提供免費營養午餐。因為，如果提供這些小孩免費午餐，為什麼不提供給所有小孩免費午餐，我們怎麼能夠只對貧苦小孩比較好呢？而且如果我們給在校的所有小孩提供免費午餐，我們也應該供養所有其他年紀的小孩免費午餐，像是幼稚園或是托兒所的小孩。這樣，給貧苦小孩免費營養午餐會不可避免

　　　導致結論說，為了每個人，我們應把這整個國家變成
　　　一個超級大廚房。

這個人雖然講得很大聲，但我隨便都可以指出他的滑斜坡
論證滑不過的地方。譬如，我們當然可以只給貧苦小孩免費
午餐，因為那些富有的小孩，可以自己帶『豐盛』便當或『交
錢』參加學校午餐呀！」

　　「果農叔叔，你真聰明。」小葳說：「換我當果農，你來
學邏輯好了。」

　　「好，好。」殷教授笑著說：「大家邊吃龍眼，邊講邏輯。
下面要講的謬誤是：

23.字詞混義 (equivocation)

　　用過字典的人都知道，大多數的字詞都具有一個以上
的本意。這樣的字詞就是有歧義或多義的 (ambiguous)。在
使用中，如能記住這些不同意義，不會產生困難。但是我們
把一個字詞具有的不同意義混亂，而在相同的語境裡以不
同的意思使用它時，我們就在字詞混義。在論證中有字詞混
義時，便犯字詞混義的謬誤。例如：

（例 42）
　　　當做創造者，女人優於男人，因為男人只會創造藝術
　　　品、科學或哲學，而女人會創造生命。」

　　「這裡『創造生命』的『創造』可有兩個解釋。」小葳
搶著說：「一個是男女受精開始就是創造生命，一個是在母
體娘胎開始才是。如果是前者，則這個論證顯然不對。後者，

則正確。到底哪一個，混亂不清，所以有謬誤。」

「很好的分析。」殷教授說：「有一種特別的字詞混義。這與『相對詞』(relative term) 有關。一個相對詞在不同的語境裡有不同的意義。例如，『高大』是一個相對詞；一個高大的人和一棵高大的樹是十分不同的類型。有些論證形式對非相對詞是正確的，但對相對詞則不正確。試看下例：

（例 43）

　　⑴一隻象是一隻動物。

　　⑵所以，(a)一隻灰色象是一隻灰色動物。

　　　　　　(b)一隻小象是一隻小動物。

以(a)為結論的論證是正確的；『灰色』是一個非相對詞。但以(b)為結論的論證則很荒謬。問題是，『小』是一個相對詞：一隻小象卻是一隻非常大的動物。」

「很好玩的例子。邏輯很好玩。」果農很快意的說。

喝一杯茶後，殷教授接著說：「下面一個謬誤是：

24.語構混義 (amphiboly)

一個語句如果由於它的字詞的結合、語法結構的鬆散或令人困惑，而導致它的意義不確定或有兩個以上的意義，則稱為語構混義、歧義或多義的 (amphibolous)。一個語構歧義的語句可能在一個解釋裡為真，另一解釋裡為假。一個論證裡若含有語構歧義的語句，而這一論證的正確性又要依靠這個語句在整個論證中保持一個一定的意義時，便發生語構混義的謬誤。試看下例：

（例44）

　　這是梵谷的肖像畫。

這句話可有三個意義：(i)這是梵谷畫的肖像畫，(ii)這個肖像畫是梵谷所有的，或(iii)這個肖像是梵谷。這三個意義並不是因字詞的歧義產生，而是由於這句話可有三種不同的語構。」

　　揚揚說：「我有下面的例子：

（例45）

　　我喜歡阿華的烹調。」

　　「阿華是誰呀？」小葳急著問：「這個語句又有什麼歧義呢？」

　　「阿華是誰，不是重點。」揚揚說：「重點是，這句話至少可有三個意義：(i)我喜歡阿華烹調的東西，(ii)我喜歡阿華的烹調法，和(iii)我喜歡阿華在做烹調這事實。這句話有這些意義，並不是由於其中字詞有歧義，而是由於它有不同的語構解讀。」

　　「哈！哈！好！好！」殷教授笑著說：「請看下面的例子：

（例46）

　　(1)這所女子學校是小的。

　　(2)所以，

　　　(a)這是一所規模小的女子學校。

　　　(b)這是一所小女孩的學校。

這裡可有(a)和(b)兩個結論，哪一個正確，要看怎樣解讀前提。因此，這裡有語構混義的謬誤。」

和尚和果農同聲說邏輯很好玩。

喝了一杯茶，丘崎教授說：「我也有個例子。請看：

（例 47）

老師帶幾個學生去看獵人狩獵的電影。走出電影院。

老師：獵人的射擊壞透了。

學生 A：所以，老師必定認為獵人的行為壞透了。

學生 B：不對。老師認為這些獵人是技術很差的壞射手。

學生 C：不對。老師認為的應該是獵人被射殺是恐怖的。」

「在這些對話裡，老師的講話是語構混義謬誤的來源。」果農很肯定的說。和尚也點點頭。

強調，合稱，分稱

殷教授說：「好。現在要講下面的謬誤：

25. 強調 (accent)

在說話或寫東西時，我們時常會利用音調、重讀、重寫、引述、字體、畫線、引號、標點等等來強調一個字詞、一句話或一段話的意義。強調的正當目的是，叫人注意，但強調到改變其原本應有的意義時，便有錯誤了。因此，在論證中使用有強調的字詞或文句，以致改變其應有的原義時，便犯

了強調謬誤。試看下例：

（例 48）

　　他沒有說你偷摘木瓜。

　　現在依每次字詞的不同強調，看看這句話可有多少不同的含義：

⑴他沒有說你偷摘木瓜。（強調『他』，提示也許確實有人說過，但不是他。）

⑵他沒有說你偷摘木瓜。（強調『說』，提示也許他以其他方式表達。）

⑶他沒有說你偷摘木瓜。（強調『你』，提示也許他的意思是別人偷摘木瓜。）

⑷他沒有說你偷摘木瓜。（強調『偷摘』，提示也許他說你以一些其他不適當行為去接觸木瓜。）

⑸他沒有說你偷摘木瓜。（強調『木瓜』，提示也許他說你偷摘木瓜之外的什麼。）

這是說明，強調會改變說話的意義的例子。」

　　「難怪人家常常誤會我，」果農說：「我也常常誤會別人。邏輯提醒我，要小心，要心平氣和。」

　　「謝謝指教。」殷教授說：「請看下例：

（例 49）

　　有一個學生酸溜溜的跟他的朋友說：『老師說阿達精於數學。所以當然我們可以說，他的英文、哲學、歷史……都很爛。』

這個學生借著強調阿達精通的是數學，來不正確的推論阿達的英文、哲學、歷史等科目的成績很糟糕。」

「很好玩。」果農說。

喝了一杯茶後，丘崎教授說：「兩個學生有這樣的對話：

（例 50）

　　學生 A：亞里斯多德說：『每個人是動物。』

　　學生 B：這可以解讀為做一個人就是做一隻動物。

　　學生 A：所以，依亞里斯多德，做人和做動物是相同的事。」

「我看到毛病了。」小葳說：「學生 A 把學生 B 所強調的『包含關係』的『就是』，解讀為『等同關係』的『是』或『就是』。所以，這裡就有強調的謬誤。」

「我感覺到這裡有問題，但講不出道理。」果農自言自語說：「邏輯學多了，就不一樣。」

「能感覺到有問題，就是有思想的警覺力。」殷教授說：「好。下面講的謬誤是：

26.合稱 (composition)

萬事萬物之間，一個非常普遍而且重要的關係是，部分 (parts) 與全體 (whole) 之間的關係。從一個全體的部分具有的性質，推論到該全體本身也具有時，便犯了合稱的謬誤。

部分與全體的關係，在邏輯上至少可分成三種：

(i)成分對成體，零件對整部。請看下例：

（例 51）下面每個推論都犯了合稱謬誤：

⑴卡車的零件很輕；所以整部卡車很輕。

⑵宿舍的每個房間很大；所以這棟宿舍也必定很大。

⑶大象的細胞很小；所以這隻大象很小。

⑷《辭海》的每頁很薄；所以這本《辭海》很薄。

(ii)分子對類。我們常把對一個類和該類的分子的敘述，錯誤的混在一起。試看下例：

（例 52）下面每個推論都犯了合稱謬誤：

⑴每個人會死，所以人類會滅亡。

⑵每個整數都有大於它的另一整數；所以整數這個類也有大於它的另一整數類。

這裡『人類』一詞可有兩個解釋。一個是人類這個抽象的類。一個抽象的類無所謂滅亡，即使它的分子全部沒有了，它還是一個類，即空類。另一個是，人類的所有分子。每一個人雖然會死，但人生生不息，除非地球大變動，否則總有人存在的。所以，第一個推論有謬誤。整數這個類只有一個，因此沒有大於它的另一個整數類。

(iii)個別的 (distritive) 事物與集體的 (collective) 事物。

所謂部分對全體，有時候是指個別的事物與集體的事物而言。例如，諸球員是指個別球員；球隊是指集體球員。試看下例：

（例 53）下面每個推論都有謬誤：

⑴這個球隊的每個球員都是明星球員；所以，這個球隊一定非常強。

(2)學生每部摩托車的用油量不會很多；所以，這所大
　　學的學生摩托車用油量不會很多。

　　球隊需要團隊合作。沒有合作，即使球員都是最好的，
也不會贏。明星球員沒有經過一段時間的合作訓練，也打不
出好球。」

　　「我有個問題。」小葳問：「合稱謬誤和輕率推廣有什麼
不同?」

　　「好。輕率推廣涉及『類』。合稱謬誤有三種樣式，只
有上述的第二種樣式涉及『類』。」殷教授說：「因此，這裡
要就這兩者來比較。輕率推廣是從一類的少數分子共有的
性質，推廣到這一類的多數或所有分子都具有該性質。合稱
則是從分子具有的性質推論到類本身也具有該性質。」

　　「原來如此。」和尚和果農同聲說。

　　「好。」殷教授說：「現在講最後一個謬誤：

27.分稱 (division)

　　分稱是合稱反過來的情形。從只適合全體的性質，推論
到部分也具有該性質，便犯了分稱謬誤。和合稱一樣，可有
三個樣式：

(i)成體對成分，整部對零件。

（例54）下面是分稱謬誤：

　　(1)這棵樹很高大；所以，它的每片葉子很高大。

　　(2)海水是藍色的；所以，那桶裝的海水也是藍色的。

(ii)類對分子。

（例 55）下面是分稱謬誤：

　　⑴世界上有很多人類，釋迦牟尼佛是人類；所以世界
　　　上有很多釋迦牟尼佛。

　　⑵現在還有恐龍這個類；所以，現在還有恐龍。」

「至少在生物學上，還常提起恐龍這個類。但現在恐龍
已經絕跡。所以，上面⑵是錯的。但是至少每個佛教徒心中
都有個釋迦牟尼佛，⑴怎麼會錯呢？」和尚問。

「⑴講的釋迦牟尼佛，是指曾經當過淨飯王子的那位。
他只有一個！⑴怎麼沒有錯呢？」果農侃侃而談。

「我來講第三個樣式吧。」揚揚說：「

⑶集體的對個別的。

（例 56）下面是分稱謬誤：

　　⑴一般的說，密西根州立大學的學生比內華達大學
　　　的學生優秀；所以，每個密西根州立大學的學生比
　　　任一內華達大學的學生優秀。

　　⑵這個球隊今年得冠；所以，它的每個球員都是頂尖
　　　的。」

「平常當我們說一個學校的學生比另一個學校的優秀
時，是就集體而言，而非專指個別的學生。」和尚接著說：
「但有少數極為優秀的學生，為了優厚的獎學金，而到內華
達大學就學。這些學生自然會比密西根州立大學的許多學
生優秀。」

「和尚師父好像到過美國念書。」揚揚說。

「你們才知道。」果農說:「師父前幾年才從美國回來。」

「失禮,失禮。」揚揚和小葳同聲說。

「對了。」小葳說:「有兩點想請教的。一,合稱分稱謬誤好像跟混義謬誤有關。二,經濟學課本上也常提到合稱分稱謬誤,為什麼?」

「好問題。」丘崎教授說:「這兩種謬誤也是混義謬誤的一種。一個字詞是用來指全體還是部分,沒有適當分辨而混淆一起時,便會產生合稱或分稱的謬誤。至於經濟學上有總體經濟和個體經濟之分。個體經濟是以特定經濟個體或經濟體系的某一部分,如廠商、產業、家庭為研究對象;而總體經濟則研究總和經濟行為的因果。前者如同經濟個體的個別研究,後者則為集體的研究。兩種研究所得法則和原理,不一定可以互用。不能互用而混在一起使用時,便有邏輯上合稱和分稱的謬誤。」

「そうですか。明白了。」小葳說。

這時候,有幾位笑容可掬的果農走過來。

「各位。」在座的果農很高興的向大家介紹說:「這是我的家人。特地來向各位問好。這是我父親阿懷,我母親阿甘;這個呢,是我二弟阿開,三弟阿田,四弟阿壽,這位是最小的弟媳阿教。小弟到前山採新種。我是老大阿業。我們等一下就要到園地去工作了,所以我就不再和各位聊邏輯囉!請大家好好享受我家的龍眼和這山頭的風景。」

丘崎教授:「這裡真是世外桃源。有機會在這山丘果園談邏輯,真是有幸。希望將來還有機會再來。真感謝。」

果農和家人向大家揮手道別,慢慢的離開靈巖寺。和尚

也親切的說：「真難得，有機會聆聽大師講邏輯。下次有機會，還望各位再度光臨。」大家也向他致謝道別，依循著山路，回到山莊。

在山莊的陽臺上，丘崎教授向著靈巖寺的方向看過去，美麗的山景和熱情的款待，讓他回味無窮，在陽臺上留連不已，不捨離開。

避免謬誤， 批判與思考

明天就是丘崎教授離臺的日子了，為了讓丘崎教授留下美好的回憶，小葳拿出精美的茶具組、燒了一大壺熱水，揚揚準備臺灣各式各樣的美味小吃，殷教授還邀請村長伯等在地朋友一起來同歡。

整個房間都被歡送的朋友擠得水洩不通，熱鬧的氣氛就像廟會一般，還有人帶來自家釀的水果酒，說要送給外國的大學者。丘崎教授被臺灣人的熱情感動，直嚷嚷著還要再來臺訪問。眾人鼓吹丘崎教授講幾句話，好給大家紀念。

丘崎教授緩緩的從沙發上站了起來，說：「謝謝臺灣的朋友，你們真是好！很感謝殷教授邀請我來臺灣訪問，才能在這美麗的阿里山腳下盡情的品嚐芬芳的烏龍茶，才有機會和兩位年輕學生來一場烏龍邏輯！」丘崎教授轉頭向小葳和揚揚眨了一下眼，繼續說：「雖然是烏龍邏輯，可是一點也不烏龍。邏輯是一種很專門的學問，但是也可以很生活化，其實只要我們開口講話了，用腦袋思考了，就表示我們正在使用邏輯。邏輯也不難，犯錯也是難免，尤其是謬誤，

謬誤是我們任何一個人在論證和推理中，會跌進的陷阱。正
如同危險記號，是安置來警告行人在道路上遠離危險，像今
天我們在靈巖寺提出的各種謬誤，就可以當做是警告我們
遠離不正確論證的泥沼的危險記號。了解這些我們容易犯
的錯誤，發展分析它們的能力，並給它們名稱，對我們避免
成為它們的受害者是非常有幫助的。可是，我們要知道，並
沒有檢試這些謬誤的機械方法。

　　假的前提對建立結論當然沒有用。聳動聽聞的語言雖
然會吸引人、誘惑人，但在邏輯上，對建立結論這方面來說，
也沒有用。真的前提，除非和結論相干，不然對建立結論，
一樣沒有用。雖然在實際上要決定一個前提與結論是否相
干，並不容易，而且大家時常有爭議，但是多研究前提和結
論到底相干不相干，總是有用的。

　　歧義或混義的謬誤，常是很難分出來的。大部分字詞具
有種種不同的意義，在論證或推理時會產生混亂。為了避免
種種混義的謬誤，我們必須在心中清楚的保持用詞的意義，
要非常小心的去定義字詞的意義。還有，要避免混義，就要
多做練習，從平常的閱讀和談話裡去做批判、分析和思考。
學邏輯的最大功能，就是增加批判、分析和思考的習慣、技
術和能力。

　　謝謝大家，祝臺灣的朋友有個愉快、豐富、成功，和令
人難忘的烏龍邏輯對話！」

　　眾人大聲鼓掌，村長伯還拿熱茶給丘崎教授，大家互敬
好幾回，既開懷又溫馨。

　　夜深了，白鶴已在潭邊休息，燕子也回到山莊屋簷的巢

裡。山徑小路，傳來野狗的呼號聲。美麗的嘉南平原，在家家戶戶的閃耀燈光中，顯得靜謐而優雅。而下一場烏龍邏輯對話，何時要開始呢？

◎哲學在哪裡？

葉海煙／著

　　阿哲遇到了被教會開除的斯賓諾莎，這位難以立足於世的虔敬者，縱使只能靠著磨鏡片的卑微工作過活，也不願意放棄心中最堅定的信仰。在廣大的平原上，他聽聞了尼采對世界的熱情，便熱切的想拜訪他，卻沒想到在精神病的折磨下，尼采早已過世……。在咖啡屋，有人勾起阿哲「已被喝光的咖啡是否存在」的好奇心，他們又是誰？到底還有什麼奇遇，等待著阿哲呢？

◎平等與差異——漫遊女性主義

劉亞蘭／著

　　老媽對家庭的付出，是愛的表現還是另類的被剝削？如果生養子女是女人的天職，那男人呢？本書從自由主義、馬克思主義、激進女性主義等觀點，帶領讀者一同了解哲學和性別之間的思辯過程。希望讀者朋友在了解女性主義者為女性發聲的奮鬥歷史之後，也能一起思考：兩性之間的發展、人與人之間的對待，是否能更和諧、更多元？

◎少年達力的思想探險

鄭光明／著

少年達力的思想探險　鄭光明　著殘敗的燈火，忽明或暗。蕭瑟的街道，角落堆著垃圾，腐臭的味道撲鼻而來。建築物表面粗糙，鋼筋裸露，卻在牆磚隙縫裡冒出不知名的綠色植物，纖細的對稱葉片隨著強風顫抖，再一刻就要吹落……在這個世界裡，達力是否存在？周遭一切會不會如夢如幻、只不過是惡魔的玩笑？有什麼是確定的？達力開始懷疑……。

◎科幻世界的哲學凝視

陳瑞麟／著

科幻是未來的哲學；哲學中含有許多科幻想像。科幻與哲學如何結合？相信許多人會感到好奇。本書試圖分析《正子人》、《童年末日》、《基地》、《基地與帝國》、《第二基地》、《千鈞一髮》、《魔鬼總動員》、《強殖入侵》、《駭客任務》等作品，與讀者一起探討「我是誰」、「人性是什麼」、「人在宇宙中的地位」、「真實是什麼」、「歷史限定了個人的行為自由嗎」等根本的哲學問題。

◎人心難測——心與認知的哲學問題
彭孟堯／著

　　身處科技與幻想發達的時代，我們夢想著有一天能夠創造出會思考的機器人——例如擊敗過世界棋王的電腦「深藍」，我們更夢想著有一天機器人能夠更像人：除了思考，還有喜怒哀樂、七情六欲。人類真的能夠辦到嗎？是我們的想像力太過豐富了，還是目前的科技還不夠發達？更重要的是，人類本身的心與認知發展又是如何呢？

◎信不信由你——從哲學看宗教
游淙祺／著

　　西方哲學從古希臘到十九世紀末為止，其論辯、批判與質疑的焦點集中在「上帝是否存在」上。而二十世紀的西方哲學家，在乎的是「宗教人的神聖經驗」、「宗教語言」、「宗教象徵與神話」等新議題。至於身為世界公民的我們，如何面對宗教多元的現象？應該怎樣思考宗教多樣性與彼此相互關係的問題呢？一切，就從本書開始吧……

◎這是個什麼樣的世界?

王文方／著

　　本書作者透過簡單清楚的說明與生動鮮明的舉例，討論因果、等同、虛構人物、鬼神、可能性、矛盾、自由意志等形上學主題。讓讀者藉而熟悉當今英美分析哲學中形上學的一些重要議題、主要看法以及討論方式，希望讀者讀完本書後，會有這樣的一種感覺：形上學的討論無非是想對我們的常識作出最佳的合理解釋罷了；這樣的討論或許精緻複雜，但絕非玄奧難懂。